自私的人最快樂——

不再迎合他人，停止受人擺佈的人際關係

人の好き嫌いなんていい加減なものよ。
他人に振り回されないためのTomy流処世術

精神科醫師Tomy——著　楊鈺儀——譯

前言

各位，我是精神科醫師，也是同志的Ｔｏｍｙ唷。

人家做為精神科醫師，每天都一直在看診，也是書寫快樂生活方式的專欄作家。

那麼，**這次本書的主題就是「別被他人牽著鼻子走」**。

只要活著，就會受到許多人的影響。其中，要如何不被別人牽著鼻子走而活，要依各種各樣的人生階段與不同狀況來考量。

但是，「被牽著鼻子走」的對象其實並不限於是他人喔。我們也會被各種事情、自己無法控制的情緒所影響。

所以，不限於他人，我們要一直深入到如何才不會被各種事情影響，進行廣泛又深刻的思考。

人是會受到各種事情影響而活的生物啊，**會被他人牽著鼻子走，而反過來影響別人時，或許就是基於「好惡」這種情緒。**

可是啊，人家是這麼想的：

「其他人的好惡隨便怎樣都無所謂喔。」

那麼，接下來就要告訴大家如何不被人牽著鼻子走的處世術囉。

第一章

不被父母、孩子牽著鼻子走

第二章

被戀愛對象牽著鼻子走

第三章

不被丈夫、妻子牽著鼻子走

第四章 不被公司中的人際關係牽著鼻子走

第五章

不被朋友牽著鼻子走

第六章

不被自己牽著鼻子走

Tomy流　不被人牽著鼻子走的基本技巧

一開始要來介紹不被人牽著鼻子走的基本技巧。雖有好幾個，**但即便受到影響的狀況不同，也可以使用相同的技巧**。雖說是技巧，卻也像是作菜一樣。做任何料裡都有基本的技巧，對吧？就和那是一樣的。

這是人家從精神科醫療中會使用到的技巧，以及總結過去的經驗所得出的想法。

不被人牽著鼻子走的技巧可以大致分為以下四種。

技巧① 設定框架

這種方法也經常使用在精神科醫療中。簡單來說就是事先給出規則，規定好不能遵守時的罰則等，是很縝密周到、嚴格進行的一種方法。

技巧② 拉開距離

拉開適度的距離感，別和對方靠得太近。

技巧③ 打造出自己的步調

打造出自己的步調，不被捲入對方的步調中。

技巧④ 減輕自己的壓力

改變自己的想法，即便受到對方影響也不太會感受到壓力。

接下來就一一說明各種方法吧。

技巧① 設定框架

設定框架是精神科醫療經常會使用到的方法。在主治醫師與患者間的關係中，醫師是不可能回應患者全部需求的唷。例如，即便患者說：「我想用那個藥，所以希望能開那個處方。」醫師也不可能說：「好的、好的！」直接開出患者指定的藥物。

主治醫師必須依專業知識綜合判斷：「若開這種藥，長期來看是否有助治療患者呢？」一邊決定處方。

此外，偶爾也會有患者吃了過多的處方用藥，或是不按照醫囑吃藥。本來醫師開藥的前提是「患者會依照醫囑服用」，若發生上述那樣的事情，就無法開出接下來的用藥。還有，也有患者會在非約定好的看診日或是非診療時間來求診。因身體狀況不佳而來急診的情況當然是莫可奈何，但是主治醫師與患者間的關係性是建立在相互信賴之上的，所以在最低限度上必須遵守規則。

容易把他人牽著鼻子走的人，會逐漸瓦解彼此間默認的信賴，是會把對方牽扯進自己情緒中、想要控制對方的人喔。正因如此，才要活用這個設定框架的技巧。具體的「設定框架」是：

▼所有事情在開始前都先明確給出規則。

▼告知對方，若破壞規則，我方也將無法遵守約定。

▼破壞規則時，要嚴格應對，不要做出例外。

例如，若男朋友會因自己方便而將人耍得團團轉時，就要告訴他：「請不要依自己的方便來決定事情，希望你也能跟我商量。若無法做到這點，我們就不要繼續交往了。」而若對方依然故我時，就說：「誠如之前說過的，若你擅自做決定，我們就無法繼續交往囉。」若是這樣，對方仍不把自己當一回事時，就要說：「我完全無法跟你在一起了，抱歉。」然後拉開距離。

這執行起來雖然有些嚴厲，但那些不斷把其他人耍得團團轉、破壞人際關係的人，大多都沒有自覺到原因是出在自己喔。讓這些人清楚知道到底有什麼問題也是為了對方好。而且若對方真的想保持和你的關係，應該也會在某處做出努力才是。

同時還有一點是，**對於珍惜的人，不要感情用事、不要輕忽規則的運用**。若是因為愛對方，無法對他置之不理，所以就原諒他，同樣的情況只會發生得比之前變本加厲。

在設定框架的技巧中，重要的是，若無視規則被破壞，任其船到橋頭自然直，就無法讓對方獲得學習。

技巧② 拉開距離

其次的技巧是拉開距離。在被對方牽著鼻子走的例子中，有很多都是因為和對方的距離太近了。若距離相近，就會變成是「互累」的關係唷。**因為**

彼此都依賴對方的存在，就算對方告知自己做不到，也會覺得對方不聽自己說話，自己是不是被拋棄了。因為會對彼此洗腦，所以冷靜思考很重要。而首要採取的方法就是拉開距離。

具體方法如下：

▼減少時間術：單純減少接觸時間的方法。只要減少接觸時間，被牽著鼻子走的時間就會減少。

▼實際距離法：拉開物理距離的方法。若是和對方同居或是住在附近的情況，就在能想到的範圍內拉開物理上的距離，像是回父母家、搬家、轉學去遠一點的學校或換職場等。

▼錯身戰法：錯開時間點的方法。於對方在家的時間帶中外出，或是錯開彼此起床的時間帶、不要一起吃飯等，這是減少接觸時間的方法。

▼總是和一夥人在一起的作戰：簡單來說，就是不要兩個人獨處。經常是多數人，若是可能就一大群人一起見面的方法。

技巧③ 打造自己的步調

接下來的技巧是主動取得主導權的方法喔。為了不被對方牽著鼻子走而累積壓力，就要確實確立自己的步調，為此有幾個技巧。例如適當的糊弄對方，讓對方「如墜五里霧」中的方法。或許有人會覺得：「為什麼要這樣？」但這可是最重要的技巧喔。也就是說，**容易被人影響的人有個特徵是「過於認真的應對」**。所以可以把話題轉往奇怪的方向，或是可以說些不一樣的事情岔開話題。會把對方耍得團團轉的人，基本上終究都只會說自己的事，所以我們要切換成是「說自己的事」。**之所以會被人牽著鼻子走，不僅是對方的問題而已，自己也有問題。**打造自信的方法很簡單，就是建立各式各樣的人際關係。

具體的方法有以下五種：

▼**自己當主角術：**這方法就是自己掌握主導權。這個方法就是不要成為聆聽的角色、不讓對方說話、自己掌握主導權。

▼**糊弄戰法：**適當地糊弄對方，令其「如墜五里霧」的方法。這方法是糊弄對方，給出他預料之外的答案，或是將話題導往奇怪的方向。

▼**忽略技巧：**這方法是不把對方當一回事，把他說的話當馬耳東風。指做出簡單回答、由自己拓展話題的方法。

▼**任性戰略：**這方法就是「只想著自己的事」，不聽對方說話。指自說自話，不接近對方的方法。

▼**提升自我評價計畫：**增加自信，提升自我評價的方法，想著「就算不迎合對方也無所謂」。與待在一起會令人心情舒暢的人建立人際關係。

技巧④　減輕自己的壓力

到目前為止，我介紹過了不會直接被對方影響的技巧，**最後要介紹的這個技巧，簡單來說就是「在不影響自己的前提下，讓對方感到煩躁不安的技巧」**。

不論是把人牽著鼻子走還是被人牽著鼻子走的人，背後都有其原因，**藉由想像對方（把人牽著鼻子走的人）的狀況，有時，自己的壓力也會跟著緩和下來**。此外，貶低對方的價值這個技巧也很有效。**被人牽著鼻子走時，我們多會在無意識中淨想著那個人的事情。也就是說，在你心中，對方有很高的價值喔**。貶低對方的價值就是增加自己興趣、增加與自己有關係的人數，停止淨想著影響著自己的人。

緩和壓力的具體方法有以下兩種：

▼**想像法**：想像對方立場的方法。不過，不用到「理解」的地步。重點

是想像就好。

▼**分散化法：**這方法就是貶低把自己耍得團團轉的對方的價值。是讓自己擁有各種興趣、減少想到對方時間的方法。

以上這些技巧就是針對各煩惱的應對，請各位先記住喔。

第一章

不被父母、孩子牽著鼻子走

在第一章中，我們要來討論一下不被父母及孩子牽著鼻子走的方法。在親子關係中，最特別的一點是，「親子關係是獨一無二的，親子關係會永遠存在」。朋友、戀人、伴侶的關係雖會消失，但親子關係卻不會。

尤其身為孩子，很多人應該到成年為止都是在父母家成長的，就算想拉開距離也拉不開。但是只要下點功夫，就能與父母保持距離。關於這點，就讓我們漸次閱讀下去。

長大成人之後、結婚後、有了孫子後、雙親須要照護時，只要人生的階段有所變化，接下來就會換成是與自己孩子間的關係。

自己是孩子的時候、成了父母的時候，為了不被各自的親子關係給牽著鼻子走，該怎麼做呢？我們將依各不同例子來看下去。

Case 1

案例

1

父母過度干涉

父母時不時會來看我在幹什麼，讓人挺受不了的。他們對我在看的動畫到朋友關係都會來插一腳。很希望他們能別那樣了，但他們卻會說：「我們是關心你啊！」而完全聽不進去。（十七歲，男性）

若過於聽從父母的話，

Tomy式回答

這是很常見的問題呢。過度干涉的雙親有無法離開孩子的問題。所以只要孩子明確表達「NO」的意志，父母就可能會出現「孩子變壞了」等過度反應。

即便如此，還是建議孩子冷靜下來，對過度干涉的父母說「NO」。

父母的確是很擔心你喔。若從父母的角度來看，會認為你不論到幾歲都一直是小孩。因為對父母來說，十七年的時間似長又短。可是，你已經十七歲了，已經受不了再聽他們那樣說了吧。

這時候，你就要使用掌握主導權的技巧③（第十八頁），回答：「我有好好在做事，不用擔心啦」，然後完全不回答父母接下來的質問。偶爾也可以這樣做。又或者是避免與父母接觸。不是要忽視他們，而是試著開始「練習不想回答的事就不回答」。

即便如此，或許仍會有難以順利拒絕、終有一天爆發大爭吵的時候。就算是這樣，也絕對不要沮喪。因為大部分的親子都會有這樣的爭吵。在重複這些事的期間，父母與孩子就能掌握住恰當的距離感了喔。

最不能做的就是既不爆發也不拉開距離，而是壓抑自己持續聽父母的話。若太過於聽父母的話，漸漸地就會變得不知道自己要做什麼喔。

漸漸地會變得不知道
自己想做什麼喔。

若是勉強接受父母的干涉，
就會逐漸累積壓力而爆發喔。
與其如此，不如從平常起就
緩慢拉開距離比較好唷。
這絕非破壞與父母間的關係。

Case 2

案例
2

採放任主義的父母

爸媽從以前就不太會干涉我的事，好像是認為：「因為這是妳的決定」而放著我不管。跟朋友訴苦後，他們大多跟我說：「什麼？這不是很令人羨慕嗎！我家爸媽什麼都要管，很煩啊。」可是**對我來說，卻覺得父母好像不怎麼愛我。**（十六歲，女性）

妳覺得造成人際關係不圓滑的最大原因是什麼？

Tomy式回答

雖然有很多控制狂父母，但也有採取放任主義的父母。不過，若是孩子方有著「希望多管管我」的想法，相對的，或許就會覺得父母很冷淡。

若親子間距離過近，所思所想的事有時反而變得難以啟齒。這有可能只是單純的溝通不足。因此，我給出的建議如下：

好好告知父母自己的心情。若沒有意識到這點，就難以傳達出自己的心情喔。

每對父母都有自己的教育方針，但他們不一定會告知孩子這個教育方針，所以或許父母並不知道妳感覺到寂寞呢。

親子是從孩子懂事起就有的人際關係，所以很難改變形式。從小就不太觸碰到的事情，將會一直這樣不觸碰地過下去。因此即便父母有意見，也不太會告訴孩子。可是這樣一來，親子關係終會變得不甚融洽。因為妳每天都在成長，會有各式各樣的感受啊。

大部分情況下，妳所想的事情都是誤會喔。妳覺得造成人際關係不圓融的最大原因是什麼？

就是溝通不足啊。所以請拿出勇氣來，告訴父母：「我覺得你們好像沒有很重視我，讓我覺得有點寂寞。」或許就會有新的開展喔。

是因為溝通不足喔。

Case 3

案例
3

父母不認可自己的工作

我很想當演員，最近也拿到了一些工作，可是父母卻不認可，**他們說：「好好去找個穩定的工作就職吧」「一定要成為大公司的員工」**。因為他們怎麼都不認可我，讓我很是煩躁不安。（二十一歲，男性）

意識到「啊啊，又在說著自己的感想了」，

Tomy式回答

就是這樣，父母會傾向於期望孩子有份「腳踏實地的工作」。反過來說，孩子則傾向於即便可能性很低，仍要去追「夢」。而且因為有多餘的精力，所以也有著想簡單地就拿出成果的傾向。其中也與孩子「想獲得認可」的自我承認欲求有著密切的關係，所以情況容易變得更為棘手。

不過只要冷靜思考一下就會發現，就父母來說，應該也是想要好好來跟孩子說的，目的並非在否定孩子，只是使用方法的價值觀不一樣罷了。

這時候，使用技巧③「提升自我評價計畫」（第十八頁）這個方法是最好的。不過這無法簡單做到，所以首先可以先試著改變「父母說的話一定都是對的」這個想法。

父母並非總是在評價著你的，他們只是在說自己的感想唷。

你從小就被父母撫養長大，所以容易認為父母褒獎自己、責罵自己都是很天經地義的。同時，對父母來說，孩子永遠都是孩子，所以會讚揚孩子或責罵孩子。

而要解開親子間的誤會，唯有自覺才能改變意識。**單只是期待父母能理解你們之間的關係性有所變化是很無謂的，而且還會被彼此牽著鼻子走喔。**

要由你自己先意識到：「啊啊，又在說自己的感想了」，客觀看待父母說的話，這才是最重要的。

減輕父母言行舉止的重量，在這期間，為自己增加點自信就好。

客觀看待父母說的話，
這才是最重要的喔。

長大成人後，不論是父母還是孩子，
都不過是一個「人」。
父母說的話無關乎認不認可你，
不過是一個人的「感想」唷。
為了不被牽著鼻子走，
就必須要確實自覺到這件事唷。

Case 4

案例
4

父母不認同戀愛對象

我有位正在交往的男朋友。他非常溫柔，但大了我十二歲。父母與他見過一次面，反應很差強人意，**他們說：「應該有更好的人選吧？」「雖然妳現在是會覺得好，但之後就不一定了」**。因為他們很喋喋不休的嘮叨，讓我覺得很難過。

（二十三歲，女性）

不斷重複提起他，

Tomy式回答

依妳的年齡來看，對妳父母來說，他有可能會和你們成為一家人呢。和工作不一樣，或許這會因與父母的尊嚴有關，干涉的程度就會有所不同。

這時候可以用技巧④的「想像法」（第十九頁）。所以說，以下這樣的想法如何呢？

父母並沒有和他談戀愛，因此容易有負面的觀點。**妳雖喜歡他，但父母並不了解他，所以無論如何都容易給出負評。**首先重要的是，找機會向父母談談有關他的話題。

也可以狀似不經意地提出唷。然後說說他的優點。例如：「生日時送了我很棒的禮物」「雖然工作很忙，卻絕不口出怨言」「很照顧朋友，所以有很多朋友」等。

透過不斷重複提起他，讓父母逐漸對他有好感。同時，如果可能，就算只有瞬間的一瞥，也讓他在父母面前露臉。只要讓父母慢慢了解到他是個什麼樣的人就好。

人家以前的伴侶約瑟芬也是，好幾次都會主動去見人家的母親唷。此外，那時候人家剛出櫃，所以母親還不太能接受。最初兩人還沒什麼對話，但漸漸的，人家的母親就喜歡上約瑟芬了喔。同時她還跟我說：「有這樣一個那麼好的人陪在你身邊，我也很安心呢」。

接下來就要看妳的本事囉！

讓父母漸漸對他
抱有好感。

Case 5

案例 **5**

父母不認可打工中的自己

我想成為小說家，現在正朝向那個目標努力著。除了學習寫作技巧，也去參加了文學獎徵文。雖有在打工，但以執筆寫作的時間為優先，所以並沒有那麼把工作放在心上。可是父母告訴我，希望我能好好工作。**從以前起，父母就不贊同我說的話，所以彼此間的關係並不好。**（二十九歲，女性）

因為父母親所持的觀點是：「就長遠的觀點來看，會變成怎樣呢？」

Tomy式回答

在此，首先要說的是，「想像法」很重要。試著站在父母的立場就會知道，他們純粹是在擔心妳喔。

如果妳真的想減輕壓力，可以拉開距離。如果可能，我認為一個人住是最好的。這麼一來，他們也無法直接跟妳抱怨了。

父母很多時候都是用「就長遠的觀點來看，會變成怎樣呢？」這樣的觀點來陳述意見的。對於妳去打工這件事，或許並不是完全反對的喔。例如：

- 雖然想一直寫小說，但若生活不安定，就沒有餘力去寫小說。
- 若真是喜歡的事，就算工作很辛苦也能持續下去。

或許他們是持有這種意見的。人家以前也很喜歡書，有過想被書本包圍著生活、想成為小說家的時期喔。可是我的父母卻說：「如果能當醫師就去當醫師。」

人家雖然想著：「為什麼？」但總之還是聽了他們的話認真讀書喔。到了現在，我認為那麼做才是最正確的。因為若在學生時期沒有認真讀許多書，就難以成為醫師唷。若之後再努力讀書以成為醫師為目標，那難度可是頗高的。這不是好壞的問題，而是社會上的制度就是這樣。

還有，人家雖然一直很努力讀書但其實卻很不擅長，因為讀書很需要體力與專注力。若非年輕的學生時期，我想自己應該是不太能做到的。這一點父母親也考慮到了。最後人家成了精神科醫師，拜此之賜才能寫成這本書。

大多時候都是在陳述意見喔。

重要的是不要深信「父母反對一切」。
冷靜詢問反對理由，
也是很重要的唷。
妳只要在這基礎上自己決定好生活方式就好。
因為任何人被說中心中所想之事時，
都會感到煩躁。

Case 6

案例
6

父母的照護

我高齡的母親腳不好，在這一年間，有一半的時間都是我在照護她。但是，母親的頭腦很清醒，所以本人無法隨心所欲行動而累積壓力時，就會很不講道理的一直罵人。

我也很理解母親的心情，但有時也會悲傷地想著，她為什麼要把話說成那樣？我該怎麼辦呢？

（四十六歲，女性）

母親是煩躁於現今的狀況，不是妳。

Tomy式回答

這個案例也很適合使用「想像法」呢。令堂是一位不安的不得了的高齡女性，所以只能依賴妳了。我能理解她的心情，所以妳用不著悲傷。因為**令堂煩躁的是現今的狀況，不是妳喔**。她一定是很感謝妳的，但或許是心無餘裕才會做出攻擊。

此外，因為妳不能被擊倒，所以在一定程度上堅持己見也是很重要的。可以使用「任性戰略」「忽略技巧」「自己是主角術」（第十八頁）等來進行操控，以使自己能長期奮戰，不被擊倒。

考量到令堂的狀態，她累積了壓力，也有自己什麼事都做不了的焦慮，當然會有「因為是女兒，可以這麼做吧」的心情，但若持續這樣下去，對妳的要求就會無限增加。

雖然妳不禁會想要幫她做事，但其實，愈是幫她做各種事，令堂的壓力就愈是增加唷。因為她對妳的期待值提升了。

例如若妳每天都帶她去散步，令堂也會在意著：「今天也會帶我去散步嗎？」而增加壓力。而若是妳有事或很疲累了，一告訴她「今天不能去」，兩人就會吵起來。

要預防這種事，**就要澈底做到「不做時就毋需多言，不幫她做」**。這麼一來，令堂的期待值就會降低成「今天幫我做了這件事，好高興！哎呀，若無法做也是沒辦法的事」。如此一來，彼此的壓力都會減少喔。若妳能澈底做到「不想做時就不做」，拒絕時的壓力也會減少。這對彼此都好喔。

澈底做到「不做時就毋需多言，不幫她做」。

Case 7

案例
7

與雙親死別

上星期，父親因胰臟癌去世了。從三個月前知道他罹癌起，不過短短時間而已。**父親非常健康，我還以為可以和他再相處久一點。**我經常會回憶起過往而淚流不止。

我很煩惱這樣的心結，不知該如何是好。（四十一歲，男性）

平靜地進行日常事物以切換情緒，

Tomy式回答

在這樣的情況中，對方是已經去世了。但是，對令尊的回憶與喪失感卻深深影響著你呢。也就是說，這情況的主要問題是：「你該如何不受你自己的影響呢？」

有個方法是打造自己的空間，減輕自己的壓力，這就是這個方法的核心喔。**與父親死別後，最有可能會影響到你的，就是「後悔」的心情唷。**

不論是怎麼樣的狀況，在與父親死別後，有很多人都會認為「我應該還有很多事是能為他做的」唷。這是將死別的衝擊勉強用「自責」來保持一致性的心理機制。

可是，這種自責的心情有時會是兩面刃，會影響、耗損你自己喔。所以最重要的就是以自己的心為優先，做出減輕自己壓力的行動會比較好。請用「任性戰略」的思考法，別想著父親都已經死了自己還這麼隨便以對，多少抱持著傲慢的心態才是剛剛好的呢。

同時，不要一個人擁抱悲傷。分散它，讓大家一同感受這悲傷吧。總之，想辦法度過這時期是最優先的。

身邊親近的人突然不在了，是一件非常大的大事，當然會出現各式各樣的情緒，要消化也要花時間。不可以扼殺這些情緒，但也不可以一直想著，放大這些情緒。

藉由平靜地進行日常事物以切換情緒，等待情緒漸漸平復。雖然會有個別的差異，但一定會過去的。所以沒問題的，請放心喔。

等待情緒漸漸平復。

Case 8

案例

8

年幼的孩子

我有個三歲的兒子。丈夫回家的時間都很晚，平常大多是我跟兒子兩人一起度過。**兒子很頑皮，都不聽話，我也不能隨心所欲的外出，累積了不少壓力。**我不想把壓力發洩到兒子身上，但我該怎麼辦呢？（三十三歲，女性）

即便只有1分鐘、5分鐘，也要打造專屬於自己的時間。

Tomy式回答

三歲的孩子精力旺盛、不聽話，不能不看著他，所以可以說，很多時候這些都是「被他們牽著鼻子走的主要原因」呢。即便如此，還是只能盡全力配合。

不過，因為對方是三歲的孩子，就不得不稍微改變一下做法喔。首先是設定框架。這指的是制定規則，告訴對方，若不遵守規則，自己也不會回應對方的要求。

這次的對象是三歲的孩子，所以**「若守規矩就讚美他」這樣的方法就很好喔。附加上條件，讓他記住，守規則是件好事**。

雖然拉開距離這個方法也很有效，但因為無法不看著孩子，所以得花些功夫呢。因此有句話想告訴大家。

和孩子在一起時，要打造心靈的安全地帶唷。

即便只有一分鐘、五分鐘也好，也要打造出自己專屬的時間，打造出心靈的安全地帶。

當然，雖然不能錯開時間、各自分開，但即便是「閉上眼睛，冥想兩、三分鐘」也好唷。可以在廁所裡看個幾頁漫畫，也可以去打掃一下浴室。

我最近聽說，也有人會在家中搭起一人用的帳棚，打造專屬於自己的窩居空間喔。就算不做到這種地步，也可以戴上耳機聽喜歡的音樂，或是暫時戴上耳塞，刻意主動做出隔絕。

打造出心靈的安全地帶吧。

Case 9

案例
9

處於青春期的孩子

國中二年級的兒子進入了青春期，也許是因為這樣的緣故，最近這三個月，都不太會主動開口跟我說話。就算回了家，招呼也打得馬馬虎虎，隨後就立刻把自己關進房裡。**我以為是到了年紀，所以這也是沒辦法的，但因為之前他什麼話都會跟我說，所以覺得有點寂寞。**對於要對兒子察言觀色這點，我該怎麼做比較好呢？（四十五歲，女性）

也許1、2年後，他的態度就會改變了，

Tomy式回答

青春期的孩子是從須要受到保護的存在，過渡到成為能獨當一面大人的時期。因為也是第二性徵發育的時期，會莫名的容易煩躁。最重要的是，伴隨著孩子的自立，他們會將親近的父母看做是一個獨立的人格。這時候，**他們大多在一開始會只看見父母的不好之處，並做出批判，所以會反抗父母**。

設定框架以及拉開距離對青春期的孩子來說是很有效的。不過，若是在這時期中嚴格執行設定框架，有時反而會讓情況複雜化喔。因為他們有可能會把父母看成是支配、束縛的存在。

因此最好能簡化框架，像是「大家一起吃飯」「要遵守門禁」「一定要去學校」等。

此外，這個時期的孩子總之就是會覺得煩躁，所以重要的是，要稍微拉

開點距離。這對於妳不被他牽著鼻子走來說很重要，對孩子來說也很重要。青春期的孩子之所以會對父母感到煩躁，是因為他們正處於要從孩子轉變成是獨當一面的一個成人時，私人空間正在擴大。和此前不一樣，他們需要專屬於自己的時間與空間，所以若父母以和以往相同的態度去接觸孩子，他們就會覺得是被過度干涉了。因此也需要留心不要去管他們喔。

總之，青春期的孩子情緒不是很好，也會突然討厭起父母的干涉，所以多少也是拿他們沒輒的呢。當然，面對有問題的行動是一定要嚴格處理的，但除此以外的事，靜悄悄地放著他們不管會是最好的。

孩子的成長是一瞬間的事，或許經過一、兩年，他的態度就會改變了，所以最好是用溫暖的目光來守護他。

用溫暖的目光來守護他
是最理想的喔。

不限於對孩子，人只要開始對其他人察言觀色，就會變得要強，並且帶著不高興的情緒與對方相接觸喔。
只要經常敞開心胸地與人接觸，別去管那些瑣碎的事，意外的就會變成熟喔。
最後，面對孩子的成長，
只要做好能做的事，不要著急，靜靜等待就好！

Case 10

案例
10

兒子和品行不良的朋友來往

兒子是高中生，他似乎進入了所謂「暴力團」的團體中。那群團體孩子們的名聲並不好，做父母的只希望兒子能遠離那個團體。前些天我將這想法告訴了兒子，**但他卻生氣地大聲反駁說：「我不希望你連我朋友的事情都要插嘴」**。我究竟該怎麼與他接觸比較好呢？（五十歲，男性）

不要去說孩子的朋友，

Tomy式回答

這對父母來說的確會很擔心呢。但是，即使就你看來是問題很大的人，就孩子看來，那都是他的「朋友」。若直接插嘴干涉，孩子一定會反抗的。因為他們是在一起很開心才成為朋友的呢。

這時候，**不要去說孩子的朋友，而是要設定好「框架」唷**。

要和誰交往，基本上是他的自由喔。因此，若是插嘴干涉這些事，兩人的關係就會交惡唷。重要的是要讓兒子遵守規則。雖然兒子的確有品行不良的朋友，只要孩子本人沒有被捲入事件中就好。

一般在精神科醫療中，醫師會與患者定下最低限度的規則，若不遵守規則，就無法進行診療，我們會將這件事告知本人。這是為了彼此好喔。例如視患者的情況不同，也有人會大量服用開立的藥物。若發生這種事，醫師就無法再開立相同的藥物。因此，治療的前提是患者要「照規定服藥」。

在這種情況下，一開始就要約定好：「若刻意服用大量藥物，今後將無法再進行治療」。這就是設定框架喔。

這次的例子也可以設定框架。因此，可以決定好幾個規則，像是遵守門禁、禁止喝酒抽煙、要去學校、要確實做好功課等，約定好若沒有遵守這些事項，就要避免和那些朋友來往。

各規定都是很理所當然的事項，所以比起直接禁止他與朋友來往，會更有效喔。

要設定「框架」唷。

Case 11

案例
11

兒子動不動就立刻辭職

我正被獨居的三十歲兒子給牽著鼻子走，因為他總是做不滿一年就換工作。**他本人只要一對環境有不滿，立刻就會覺得受拘束而辭職。**兒子在工作後經常會有抱怨不滿，我完全拿他沒轍。他已經不年輕了，再這樣下去，一定會陷入僵局，我很擔心，但他又聽不進我說的話。（五十九歲，女性）

人一定要認同後

Tomy式回答

這個案例中，最大的重點就是兒子已經自立。兒子若不是「經常來向自己借錢」或是「擅自跑進家裡來」，總之**實際上就沒有直接受到他的影響喔**。

其實人家在一開頭所寫的技巧，是設想直接受到影響的呢，所以這次可能會有難以派上用場的部分。

即便如此，應該還是有幾個技巧是可以使用的。例如拉開距離的技巧。在這種情況中，只要減少聽兒子說話的時間就好。此外，只思考有關自己的事的「任性戰略」也很有效唷。還有「分散化法」（第二十頁），這方法就是不要只想著兒子的事，而是與許多人有聯繫，或是擁有興趣。

可是這些終究都是來自於孩子沒有獨立所生出的煩惱。因為不是因兒子的行動而直接受到影響，所以最理想的方法就是，區分好孩子的事情是孩子的事情喔。

人一定要認同後才會接受失敗的唷。雖然妳說的話是正確的，但要本人認同才會聽妳的話。只要他沒有認同，不論妳說了多少大道理，對他來說都沒什麼意義的唷。

若本人也自立了，最好還是不要太在意喔。只要確實告訴他自己的意見就好。人若就同一件事被唸了很多遍，反而會變得不想聽了唷。

才會接受失敗唷。

Case 12

案例
12

兒子會使用言語暴力

我有個唸大學的兒子。他說話非常難聽，幾乎可以說是言語暴力了。他每天都那樣，讓我很想哭。兒子似乎只對我這樣，**他說的話每天都會擾亂我的心緒。**（四十八歲，女性）

若焦慮於「明明是母子，不可以這樣」，

Tomy式回答

言語暴力也完全是一種暴力，得要好好應對呢。基本來說，必須要總動員所有技巧去做應對喔。

尤其重要的就是「設定框架」。

決定好某些規則，若是兒子無法遵守時，就必須要有讓他去打工，一個人住的堅決應對。

這時候，若只有母親這麼做會很困難，所以可以召開家庭會議，將所有家人都拉入其中，團結一致地去應對，這點很重要。

像是這樣的例子，還有其他需要一起考慮的事項，那就是**「言語暴力是距離過近的訊號」**。

有些類型的人若距離過近了就會展現出暴力來的唷。那就是「不希望你過於干涉我的事，希望你到一邊去」的訊息喔。因此，若用相同的態度對待

他，情況就會逐漸加劇。言語暴力當然是不該被允許的，所以保持距離讓自己不會受到傷害是非常重要的唷。

這可以說是**使用到了與兒子確實保持距離的技巧，不理他，什麼事都不做。若他又冒出了言語暴力，不與他對話也可以喔。**

若焦急於「明明是母子，不可以這樣」，情況反而會更形惡化喔。

不同孩子的成長速度會不一樣，不會永遠都持續這種狀況的。就像開門一樣，若推不開，就用拉的吧。接著只要在有點距離的地方靜觀其變就好。

情況反而會更形惡化喔。

第二章

被戀愛對象牽著鼻子走

第二章中，我們要來討論一下關於在戀愛中被「牽著鼻子走」的情況。

在我這裡，也收集了許多關於戀愛的煩惱。戀愛不是只有一個人，而是由兩個人所構築而成的人際關係。基本前題是有好感，沒有受到強制，是因彼此相愛的心情而結合的，所以面對意料之外的事情時是很脆弱的。

正因如此，為了不被戀愛對象牽著鼻子走，除了自控，控制對方以加深兩人間的羈絆也是不可或缺的。

所以我將針對各種各樣的情況，提出關於戀愛中「被牽著鼻子走」的情況的建議。

Case 13

案例
13

無法決定下次見面的日期

最近我有了喜歡的人。偶爾見面時感覺很好，但他一約我「下次一起去吃飯吧」，而我告訴他自己的時間表後，他卻說：「我確認過後再回覆妳喔。」不過他經常會回我LINE，所以感覺不錯。可是一直沒決定好日期讓我很擔心。今後我該怎麼辦呢？（二十二歲，女性）

正是在感覺不錯的時候，

Tomy式回答

像這種情況，我就先說結論了。

喜歡的人還不是戀人唷。

戀情的開始是很棒的一件事呢。但正因為什麼都還沒開始，才會有各種期待。可是這可是件很棘手的事呢！若跟對方所持的態度不一樣，反而會帶來不安或累積壓力。

所以首先，重要的是要確實拉開距離。**實際的人際關係深淺度，和妳腦中的距離感出現了誤差唷。若與對方的距離沒有妳想得那樣近，就會東想西想的想太多了。**

也可以在腦中低語著：「喜歡的人還不是戀人」。沒錯，豈止不是戀人，根本就只是認識的人而已唷。所以不論是多優秀的人，最好還是想成「路過時會打招呼的人」。

在一開始時要保持冷靜，不要一頭栽進去，不要**一直查看手機並立刻回覆訊息，而是要做著自己本該做的事，偶爾確認、回覆訊息。一旦情緒上頭，就會被人牽著鼻子走，所以在持續對對方抱持好感的同時，一邊也要確保自己的步調。**

回覆訊息時也是，直到對方說出口前，都最好要保持沉默喔。如果對方有那個心，自然會確實朝自己走來。若不是這樣，自己就算再著急，也完全沒有意義，反而只會招來反效果唷。

正是在感覺不錯的時候，更要留心自己的步調。打造出相對應於戀愛實際表現的距離感是很重要的唷。

更要留心自己的步調。

Case 14

案例
14

摸不清他的心意

我交了一個男朋友，但他好像不太喜歡外出或外食。就算在家，也不太和我說話，大多時間都是一個人在看電視或是玩遊戲。**偶爾我也會很受不了的問他：「你真的喜歡我嗎？」**而他會理所當然的回答我：「喜歡唷！」但是，我實在難以消除不安。我該怎麼辦才好呢？（二十二歲，女性）

戀愛是互相的。

Tomy式回答

戀愛初期時還不知道對方是怎麼樣的人，所以容易懷抱不安感，就會東想西想的，淨往壞處去想呢。其實世上也有人會隨口說出「我們正在交往」，所以有時也不能說是自己想太多了，很是難辨呢。

基本來說，**正因為是容易感到不安的時期，才要保持距離，確實打造出自己的步調**。要用「提升自我評價計畫」提高自己的評價，同時使用「分散化法」，不要一心都撲在對方身上。當然，若是做得過分了，彼此間的愛情就不會加深，所以**平衡地踩油門與煞車很重要**。這的確是很難，但重要的是對方的心意喔。

要讓對方和自己在一起很充實，不會感到不愉快，但這不是在窺探對方的臉色。必須要時時回顧，對自己而言，對方是否為加分的存在。因此請記得以下的話：

戀愛是雙方都握有主導權的唷。

戀愛中，大致可以分出影響人跟被影響的一方。可是啊，真正的**戀愛是互相的。若缺乏了雙方的努力與心意，就無法成為戀愛了。**

因此，你不須要時常窺探他的臉色。老實說，現今的狀態雖可能是他的戀愛模式，也或許都只是隨他方便行事。這兩者都是有可能的。

重要的是，妳也要有著「他是適合我交往的人嗎」這樣的觀點唷。而且也別忘了，不是對方與妳交往，而是依照彼此的意思，兩人才在一起的。

若缺乏了雙方的努力與心意，
就無法成為戀愛了。

確實地重點告知他「唯有這點不能妥協」。
若他怎樣都無法認同，就該思考由自己主動提出分手。
最好要先意識到，若是超過了這條線，
為了彼此好，就分手吧。

Case 15

案例
15

LINE上的已讀不回有很多

我有個交往了半年的男朋友，**就算LINE他，也不太讀取訊息；就算已讀，也不會立刻回訊，有時還會一直不聯絡。**我雖跟他說過：「你要好好回覆訊息啦！」他也只是嫌麻煩地回答說：「喔。」卻完全沒有要改變的意思。我到底該怎麼與他應對比較好呢？（二十四歲，女性）

若是知道了對方的步調，

Tomy式回答

接下來想一下關於已經處於某種程度關係中的戀愛情況。只要了解、習慣了彼此的步調，就不會再為一些瑣事而感到不安了。這時期，**基本上可以使用減輕自己壓力的技巧**。站在對方立場上思考的「想像法」與降低對男友依賴度的「分散化法」非常重要唷。

此外，這時期也有人不再擔憂於瑣碎事項後就變得「草率」。再親近的同伴之間也要講禮，草率雖會讓人覺得欠缺了些體貼而不可取，但些許的草率或許看起來會是「正因為是對你才這樣」而令人感到安心。因此，睜一隻眼閉一隻眼也沒什麼不好的。這就是我對此所給出的建議。

若是知道了對方的步調，自己就也跟著採用相同的步調。

聯絡的方式、頻率是取決於與對方的關係性和價值觀唷。有人還不親近的時候雖會勤快回覆訊息，一旦變親近了就會疏於聯絡。有的人是因為安心感而變成這樣，並不限於是不在乎對方唷。

妳的情況是，關係在某種程度上算是穩定下來了，沒有外遇或懷疑兩人關係性的事態，所以想著「這個人就是這樣的」會比較輕鬆喔。要這樣想當然是不容易的，所以這時候配合對方的步調也是一個方法唷。

也和對方一樣，不要立刻讀訊息。即便是已讀，除了緊急狀況，別急著回覆。透過配合對方的步調，也能減輕自己的壓力喔。

最會令人感到壓力的就是，對方的步調跟自己的步調配合不上，所以就只能試著配合對方的步調看看。

即便如此，若還是無法相處順利，就要制訂彼此的折衷方案，像是「至少要在當日內回覆」，如此約束對方也是一個方法。不過，像這樣的壓力很多時候會隨著交往時日愈長而逐漸習慣、消失，所以最好別太好勝、逞強比較好喔。

試著讓自己也採用同樣的步調。

Case 16

案例
16

無法與他交談

我有位交往三年的男朋友。我很喜歡他，可是一**吵起架來，我們就無法對話，他會單方面終止談**話。每次我都無可奈何的只能低頭。就算吵架，只要看到他的臉就會原諒他。但是現今，他的任性在加速成長。我也知道最好是分手，但卻很難做到。（三十歲，女性）

可以減少碰面頻率喔。

Tomy式回答

想和他說話卻無法和他說話，這情況很不好受呢。這時候，在心中先決定好界限是最好的唷。也就是說要對自己「設定框架」。**例如，若吵架的頻率是每月一次，就告訴自己要拉開點距離。**

還有就是**也可以減少碰面的頻率喔**。雖然理智很清楚，但行動上卻做不到，這時候多是「情緒」在從中作梗唷。

若是減少碰面的頻率，情緒就會冷靜下來，行動起來也會容易許多。同時，對方會變得任性也是導因於「情緒」。人類分有兩種類型，一是一旦情緒變強就會忍耐的類型，以及另一種會向對方撒嬌的類型，而這兩種都是「不可以繼續這樣下去的」。

藉由減少見面的頻率，
或許對方會冷靜分手，或是減少任性發言的頻率唷。
所以要在自己心中決定好忍耐的界限，
以及拉出心理上的距離以避免感情用事，
這兩點非常重要。

Case 17

案例
17

男友總是單方面做決定

我有一位交往一年的男友。我們在一起時很愉快，但**他不論做什麼，總是全部都一個人自己做決定**。偶爾也會希望他可以問我：「今天要怎麼度過呢？」但他完全沒有那個意思。我受不了而試著開口說：「今天要不要來吃壽司？」但他卻說：「不要，別了。我們各吃各的吧。」他經常都是這樣，有時我都會想，他是不是不愛我？

（三十歲，女性）

最好的做法就是在
妳心中取得平衡就好，

Tomy式回答

這樣啊，若要給建議，或許也無法實現呢，但我認為妳就繼續提出自己想做什麼的意見就好喔。理想的情況是，偶爾配合他，偶爾做自己想做的。

或許妳的男友是自我主義的人。話雖如此，但他並非不愛妳，這只是他的風格罷了。但是只要兩個人在一起，照這樣下去，妳也是會瀕臨臨界點的。

最好的做法就是在妳心中取得平衡就好，偶爾也可以一意孤行。若他拒絕妳那樣做，就照他所說的，單獨行動，或是跟朋友一起行動就好喔。**他應該在心底某處也看穿了妳在想著「想在一起」「一定要兩個人在一起」唷。**

這樣會形成一種力量的對比，所以有時也要說清楚自己的期望，主動去做自己想做的事。如果他真是喜歡妳的，應該會不安的想著：「奇怪，怎麼了？」只要不斷重複這樣的情況，漸漸地，他就會遵循妳的計畫了。

如果即便如此，他依舊不改單方面做決定的態度，以下的話或許說得重了些，但是這樣的他也不是什麼好東西。

偶爾也可以一意孤行。

Case 18

案例
18

自同居後，兩人相處就不順利

從今年春天起，我開始和交往了一年的男朋友同居。一開始時是很開心，但後來兩人很常為一些小事起衝突，而且一旦吵起架來，我就無處可歸，所以頗有壓力。我甚至開始考慮和他分手。我到底該怎麼看待這段關係呢？（三十一歲，女性）

應對方法是，「回到發生問題前的狀態」。

Tomy式回答

雖然憧憬同居，但生活場所幾乎一致，吵架時就無處可逃呢。重要的是，在同居前「要先設想會出現問題並為此調整環境」唷。

- 先準備好一個人睡的寢具，以備不時之需
- 清楚規劃金錢與家事的分擔

要是走到了這地步，持續用草率的態度來同居就不太好了。

應對方法就是「回到發生問題前的狀態」，也就是結束同居。感覺就像是：**「彼此太多爭吵，我覺得同居前的關係還比較好。為了改善兩人的關係，要不要試著結束同居？」**確實將「為了兩人的關係」舉作為原因是很重要的唷。

在戀愛期間發生問題時，
若不改變兩人的方向性，一定會引發大問題的。
也就是說，要盡早「回復到發生問題前的環境唷」。

Case 19

案例
19

男友不肯結婚

我和男友已經交往三年了，目前同居中，交往關係穩定。我已經三十歲了，所以在考慮結婚以及孩子的問題。我告訴他這件事時，他說：「我只是公司中的普通職員，所以希望妳能等我到出人頭地。」我覺得就算是普通職員也沒關係，可以兩個人一起工作就好。**結婚也是如此，無法暢談未來，讓我很不安。**但話雖如此，我卻沒有想要分手。（三十歲，女性）

為了不被牽著鼻子走，不去期待也很重要，

Tomy式回答

他的應對有些令人擔心呢。不論關係多穩定，不論妳有多喜歡他，若他是真心喜歡妳的，就應該要多談談關於未來的事才對。

妳會不安是很有道理的。或許他和妳的關係很穩定、良好，**但穩定的關係未必＝能信賴的關係喔**。

即便毫不保留的說出真心話而總是吵架，但若是彼此相愛的兩人，這就是能夠信賴的關係唷。你們的關係是不是無法說出彼此喜歡些什麼呢？**雖然妳努力與他面對面，但他卻很巧妙地不正面回應，不去接近問題的核心呢。**

最後，妳雖心懷不滿，卻感到無法再繼續深入了。既然妳都在這裡寫道：「普通職員也沒關係」「可以兩個人一起工作」，就表示沒有能直接向

本人說這些話的時機呢。

若是認真交往的關係，即便只是一瞬，只要想著「若是和這個人一起……」談話就會不斷進行下去，他的情況是，不管是否有出人頭地等等，都只想和妳維持現在這樣的關係唷。

雖然妳很喜歡他，但或許可以試著思考一下，他是否真心喜歡妳呢？這段關係對他而言似乎是可以說斷就斷的唷。

不過**若是三年都持續著「這樣也無所謂」的狀態，也的確有人會隨便就這樣放著不管**。別立刻放棄，確實把球投出去吧。

為了不被牽著鼻子走，不去期待很重要，但面對面解決問題也很重要，這兩者的差異就取決於與對方在一起的時間長短唷。若是剛交往的男友，可以走不期待的方向，但若是像妳這樣已經交往三年的情況時，就應該要採取

但面對面解決也很重要。

面對面解決問題的方向。

・普通職員也沒關係。

・可以兩人一起工作。

・若無法再往前走，就結束同居，考慮拉開些距離試著確實說出這些話。若他只是隨便聽過就不管，那我就得稍微潑妳一下冷水囉。若他本就沒那個心思，那他就是不重視妳喔。接下來就要看妳的決定了。

兩者間的差異就取決於與對方在一起的時間長短唷。

誠實能削除不安。
岔開話題不深入核心的對象，
或是不想考慮應該要考慮事情的對象，
最好由妳主動去牽著他的鼻子走。
這不是任性，而是正當的去影響他唷。

Case 20

案例
20

男友是帥哥而且很長袖善舞

我最近開始交往的男朋友是個帥哥，人也很溫柔，但卻**有些令人無法信任**。有時會突然聯絡不上他人，或是對於約定好的事他卻裝傻的說：「咦？是那樣的嗎？」只要一指出他這樣的問題，他就會立刻帶我去吃好料賠罪，**但卻莫名讓我覺得他是在糊弄我**。（十九歲，女性）

在初始階段所感受到的異樣感，

Tomy式回答

在一開始交往的階段，不論怎麼說都是情感先於理智。而且妳還覺得對方是個帥哥，所以很有可能沒有進行充分的溝通呢。

他現在似乎雖是無法信任的，但因為有著「喜歡」的情感，其中就會產生出落差。如果妳打算跟他長久交往下去，最好在某種程度上，妳自己要刻意保持冷靜的狀態。

同時**並好好記住他言行舉止中令妳在意之處。在初始階段所感受到的異樣感，多數會在之後成為大問題唷。**如果擔心，也可以記下筆記以免忘記喔。還有就是，若是記了筆記，之後**直到因為他的某些舉止而引發問題前，什麼都不要做，光是放著就好。**

雖然是小事，但透過這樣做，就不會被對方牽著鼻子走，也能確實保護妳自己。

多數都會在之後引發大問題喔。

第三章

不被丈夫、妻子牽著鼻子走

那麼，在第三章中，我們來討論一下在夫妻關係中不被對方牽著鼻子走的方法吧。若仔細思考，夫妻關係是很有趣的呢！本來是不相干的兩人，卻組成了家人。因為沒有直接的血緣關係，在家族中，要說夫妻是不相干的兩人，那還真是不相干的兩人。但是，也可以說是最親近的家人關係。

比起戀人，夫妻間的關係性較深厚，結了婚、入了戶籍，自成為家人後，期待、不安、被對方影響的情況也就變多了。夫妻因為關係親密，所以也有很多問題是沒辦法簡單消除的喔。

正因如此，和正在交往的戀人時期不同，拉開距離感也是很有效的。而且在一開頭所介紹到的所有技巧也都可以全部用上喔。

那麼讓我們趕快看一下各個案例吧。

Case 21

案例
21

丈夫完全不做家事

丈夫都不做家事。雖然口頭上會說：「我會幫忙。」但實際上下班回來後，就喊著「好累喔」而癱在沙發上。我很理解他的感受，但還是希望他能體貼些，說：「我會去做能做到的事唷」。若他這麼說，我也會貼心的說：「不要緊的，你累了吧！」但現實中，我卻是對只會癱著不動的丈夫止不住憤怒。（四十歲，女性）

「包含自己的理想在內，
兩人一起討論並規則化。

Tomy式回答

首先就是設定框架囉。盡可能具體決定好希望對方做的事情。然後**重要的是，事先確實決定好「什麼時候要做」**。例如若決定好要「洗碗」，就一定要決定好是在「吃完飯後立刻去洗」。若不這樣，對方就會說：「我之後再洗。」最後或許就會變成還不如自己去洗比較快。制訂規則的時候，一定要包含期限以規則化唷。

還有，若是看到丈夫癱在沙發上會成為妳壓力的來源，拉開距離感的技巧是很有效的唷。為了不看到他癱在沙發上，出門去買東西，或是讓他去購物，**適當的讓彼此錯開也是很重要的方法唷**。

像這些事雖然瑣碎，但累積起來也會成為大事，關於這點，設定好框架與拉開距離感的技巧就是最有效的。此外還可以附加上以下的條件唷。

「包含自己的理想在內，一同討論、規則化。若沒有具體的規則，人就會朝對自己有利的方向做出解釋。」

我認為妳「只要對方展現出體貼，就會說出『但是沒關係唷』」的心意很棒喔。妳並不想要嚴厲責難妳的先生吧。若妳直接將這樣的心意告知妳的先生，情況會如何呢？

期待對方做些什麼時，與其單方面的告知「去做〇〇」，連同背後原因一起告訴他，像是：「因為〇〇希望你幫我」，對方會比較容易有反應唷。

還有就是詳細又嚴格的決定好規則。然後也要先決定好若妳先生沒辦法遵守時該怎麼辦。若沒有收好洗好的衣物，明天就沒早飯吃了！也可以像是這樣唷。

若累積了壓力，就會爆發唷。所以要試著做出行動！

「若沒有具體的規則，人會朝利己的方向做出解釋。」

案例
22

丈夫外遇成性

丈夫一直改不掉外遇的習慣。丈夫是頗受人歡迎的酒保。我和他結婚很久了，丈夫外遇時，我很快就會發現。雖然我沒考慮過因丈夫的外遇而要與他離婚，但如果可以，我還是很想改正丈夫外遇的習慣。（四十六歲，女性）

「若是和這個人在一起，就要一輩子都和外遇打交道」，

Tomy式回答

之所以會慣性外遇，是因為對方容忍了才會形成習慣喔。可是有沒有外遇是關乎到夫妻關係能否存續下去這種層級的問題，所以一定要確實設定好框架。若依現今的狀況看來，規則似乎是「若是玩玩就許可」。

就一般的說法來說，**最好把慣性外遇想成是改不掉的唷。**因為是天生的個性，不論再怎麼引誘不外遇的人，他們就是不會外遇；而即便不去引誘會外遇的人，他們自己都會主動去誘惑人喔。

最終說來，在外遇的人心中，他們的想法就是：「視時間與場合而定，有時外遇也不是什麼壞事。」

所以就妳的情況來看，**最好是有「若是和這個人在一起，就會一輩子都和外遇打交道」這種程度的覺悟喔。**這樣的覺悟應該是很痛苦的吧。

總之，接下來若是發現對方有外遇的模樣，就要立刻追問到底。如果他真的有外遇，就讓他買某些東西給自己。制訂出像是這樣的規則，或許多少也能減少妳的壓力吧。

最好要有這樣的覺悟喔。

若不斷外遇的先生，無法遵守好兩人訂出來的規則，就分手。
若妳的先生說：「我不會再犯了。」
或許也可以到時再想想該怎麼辦。
即便很討厭，但只要不分手，就是表示容許喔。

案例
23

妻子不斷發牢騷

妻子經常因為小事而發牢騷。**從收拾整理、我的習慣到瑣碎的言行舉止都會一一唸個不停。**我下班回來很累了，她還是一直那樣，讓我在心情上完全無法放鬆。（三十九歲，男性）

「別去反駁妻子的牢騷，

Tomy式回答

在這個情況下，用拉開距離感這個技巧是最有效的喔。正因為離得近才會發生問題，**所以最好能巧妙的錯開**。

可以使用「減少時間術」，待在自己的房中以減少彼此接觸的時間。因為若夫妻兩人單獨在一起，牢騷就會增加，所以不要單獨兩個人待在客廳中（因為有其他家人在時，一定多少都會難以絮叨）。這就是「總是和一夥人在一起的作戰」的應用喔。

然後還可以最大限度活用打造自己步調的技巧——忽略技巧。「忽略技巧」也有各種各樣，面對像是牢騷這樣微小又緊湊的攻擊，下面的方法就很好用喔。

完全不回應。」

「別去反駁妻子的牢騷，完全不回應。」

若一一回應妻子的牢騷，那更會引起對方發牢騷唷。這時候可以不去和妻子面對面，或是不說話的忽略過去。

之後在腦中想像著是「壞掉的揚聲器在響」，就能轉換掉妻子的牢騷，忽略過去。總之就是當成耳邊風。

名為不說話的反駁可是頗為強大的唷。

名為不說話的反駁
可是頗為強大的唷。

Case 24

案例
24

與妻子的教育方針不合

我有個讀國中的兒子，但我和妻子的教育方針不合。**妻子一心要兒子努力讀書，但就我來看，似乎有些過頭了。**我希望可以偶爾讓兒子做些喜歡的事，發展感性。可是妻子卻希望兒子在考完大學前都盡可能的進行斯巴達教育。雖希望自己別太在意，**但畢竟是重要兒子的教育，所以怎麼說都不能讓步。**（四十八歲，男性）

在紙上寫出彼此最低限度「無論如何都無法退讓的事項」，

Tomy式回答

這與其說是被對方牽著鼻子走，更是因為夫妻間不同教育方針所導致的壓力呢。尤其是雙方都覺得自己說的才是對的時候，情況更是如此。像這種情況，就只能調整彼此意見的不同之處了。

因為不是受到對方言行舉止的影響，基本上來說，可以不使用開頭所說的那些技巧。

不論是你的妻子或是你，都很重視兒子，所以才會有各自的教育方針。雖然討論起來不容易，但彼此還是要盡力好好商量，整合夫妻的教育方針。

此時也有個訣竅，**在紙上寫出最低限度的彼此「無論如何都無法退讓的事項」，接著只要能實行寫出來的事項就好唷。**

若是什麼都拿出來說會沒完沒了，所以要討論的是無論如何都無法讓步的事項。透過這樣做，討論就不會走上岔路，可以持續討論本質性的問題，彼此應該都會覺得很不錯的。

然後只去進行寫出來的事就好。

Case 25

案例
25

妻子過於情緒化

妻子很容易情緒化，讓我很困擾。明明上一秒還心情很好，突然就開始生氣、煩躁起來。**因此我總是得窺探妻子的臉色**。妻子對此沒什麼自覺，反而會說：「都是因為你說的那句話。」我該怎麼辦呢？（三十八歲，男性）

情緒化的人變得情緒化時，

Tomy式回答

基本來說，可以使用好幾個技巧的組合技。首先是設定框架。這個技巧若能讓妻子自覺到自己是過度情緒化的，使用起來就會很順利。

在妻子變得情緒化、大聲說話時，等她稍微冷靜下來後，可以試著立刻指出：「妳現在生氣的樣子是不是不太尋常？即便錯的是我。」若你得到的反應是：「啊，的確是呢！」就是設定框架的機會喔。

「妳不需要像那樣發脾氣，我會好好聽妳說的。下次若妳還是這樣，我就會去自己的房間囉。」也可以用這樣的感覺，柔性地設定框架。

最能活用的就是拉開距離感。這種方法不用制訂框架，而是減少一起待在同一個房間裡的時間喔。若對方的反應過度，可以實際拉開距離，或許也可以是接近在家庭內分居的狀態喔。此外也可以用「錯身戰法」（第十六

委婉詢問「這樣嗎？」「你是這樣想的啊」。

頁），彼此錯開生活，或是**避免獨處，多和父母、祖父母或是孩子待在一起，打造出「難以情緒化的環境」，這點也很重要喔。**這就是「總是和一夥人在一起的作戰」的應用。

還有，為了不屈服於對方的情緒，打造自己步調的技巧也很重要。也可以使用把話說得含糊不清、錯開重點的「糊弄戰法」，以及忽略對方說話的「忽略技巧」喔。但是，若這些技巧使用不善，可能會導致「火上加油的結果」。若不擅長使用，就果斷放棄吧。

而且，若你總是顧慮著妻子，就一定會對她察言觀色，所以建議可以增加彼此交流範圍，或是用「分散化法」，埋頭於興趣中來減輕壓力。

情緒化的人變得情緒化時，最基本的應對方式就是不要跟對方回嘴。要是激動起來，彼此都變得情緒化，那就沒戲唱了唷。**不論對方說了什麼，都委婉地詢問：「是這樣嗎？」「你是這樣想的啊」**。若不覺得錯在自己，就不須要說：「是我的錯」喔。只要不肯定也不否定的傾聽就好。

不過若對方情緒化的情況過於激烈，有時也建議最好去精神科接受診療。這時候不要用「你的情緒很不穩定，最好去看一下醫生」這種說法，可以用「你的情緒起伏很激烈，你應該也很不好受吧？如果覺得不好受，要不要一起去看個醫生？」這種說法。

不肯定也不否定地傾聽。

應對情緒化人的方法，
就是直到對方的情緒收斂起來前都先讓步。
等對方冷靜下來後，詢問對方無法認同的部分。
若表現得戰戰兢兢，對方的情緒震盪會更加劇烈。
同時，我們也要注意別受情緒餘波的影響。

Case 26

案例
26

與妻子的金錢觀不合

妻子經常亂花錢，我與她的金錢觀很不合。平常，若要買同樣的東西，我會想買比較便宜的，但她卻說：**「價錢便宜的東西就是廉價品，我不喜歡。」刻意去買貴的。**就我看來，會希望購物限縮在合理範圍內的最小限度，但我一這樣跟她說，最後她就會生氣的說：「小氣鬼很討人厭。」（五十二歲，男性）

在家計的份額之外，決定（變更）

能使用金錢的上限。

Tomy式回答

這是金錢的問題，所以設定框架是最有效的技巧喔。也就是說，**「分清楚到底是由誰出錢」**唷。

金錢價值觀是很一言難盡的問題，所以一定要好好磨合喔。不過聽了你的話之後，感覺你與妻子的價值觀似乎沒有為了彼此而互相調整呢。

這時候啊，**可以從外框來做調整。具體來說就是，在家計的份額之外，決定（變更）能使用金錢的上限。**若是太太很幹練地在工作賺錢，即便她亂花錢，也希望你多少能睜一隻眼閉一隻眼喔。但若是你依舊很看不下去，可以從太太收入中扣掉家計，剩下的錢就讓她自由使用囉。

首先，明確分清楚用的錢是由誰出的。
可以給太太零用錢，讓她使用這些錢購物。
即便她告訴你不夠用，也完全不要回應她。
夫妻間，只要決定好家計之外的金錢份額就好，
其他瑣碎的使用方式就別管了。

Case 27

案例
27

丈夫總是以工作為優先

先生總是把工作擺第一。明明說好要早點回家幫兒子慶祝生日，卻又突然有工作要做。雖然工作很重要，**但我覺得似乎能隱約窺見他的心態——工作有空檔時再來處理家庭事務。**（三十一歲，女性）

讓對方覺得「和家人在一起的時光很療癒」。

Tomy式回答

熱衷於工作很棒，但妳認為丈夫在時間分配上太不均衡。丈夫確實是在為了家人而工作，但卻因此沒了時間和家人相處，這樣就一點意義都沒有了呢。**這種人一定單純就是很忙，但也不擅長調配時間唷。**

在此可以使用的技巧依然是設定框架。不過，所謂的設定框架，基本上來說也是以自己方便為優先的人來用的唷。妳先生以工作為優先，可以說那就是「他的方便」，但因為是為了家人而工作，所以還是須要以溫柔的方式設定框架。

例如像是：「若今天早點回來，就送爸爸禮物」，可以試著用這樣的方式來設定框架。

就算不發洩不滿，
或是直接告訴對方，

此外，「想像法」也很有效。詢問妳先生今天的工作，「想像」他的辛苦，試著讓自己和他有相同的感受。只要這樣做，就會加深彼此的羈絆。一旦加深羈絆，他應該就會想珍惜和家人在一起的時間了。

同時也別忘了以下的事項。

其實，**對以工作為優先的人來說，他們一般會把空出時間和家人相處想成是「附帶的工作」「義務」喃**。他們的想法是，自己一身疲累的回家，還要付出勞力為家人服務。

對這類人來說，讓他們感受到「和家人在一起的時間很療癒」是很有效的。

即便不對這些人**發洩不滿或直接說出口，只要對他們給出暗示，他們反而會有遠離家族的傾向**。因此可以試著和孩子一起反過來為因工作而疲累的先生打造有療癒感的活動。

要將負面情緒轉化成正面的，和對方談話是很重要的唷。

只要給出暗示，
他們反而會有遠離家族的傾向。

Case 28

案例
28

丈夫與親戚來往頻繁

丈夫是個將與親戚來往視為第一優先的人。碰上過年、于蘭盆節、家族活動時，他的理想就是盡可能許多人一起回老家聚會。但我出身核心家庭，親戚不太會聚集在一起，因此，配合著丈夫到處去串門子時會覺得很疲累。（四十歲，女性）

不要忘記，
「雖然難以逃跑，

Tomy式回答

在這個例子中，最令人倍感壓力的就是「難以逃跑的狀況」呢。因為要陪著丈夫，就算很累、就算心中覺得很討厭，也難以拒絕。因為難以拒絕，所以就更添壓力、被牽著鼻子走。

這時候可以使用的技巧，最重要的就是拉開距離感的技巧唷。**還有不要忘記，「雖然難以逃跑，但並非不能逃跑」。**若想逃跑，還是逃得掉的。只要妳說NO。

去親戚家時可以使用縮短停留時間的「減少時間術」。還有一種方法是，去親戚家時，可以說自己要去買東西或是以要照顧孩子為理由，減少談笑或接受招待的時間。

但並非不能逃跑」。

還有其他可以解決這個煩惱的方法喔，**像是自己排入預定，掌控與親戚間的來往。**

碰到會與親戚來往的過年或于蘭盆節時，可以試著分散排入各種活動，像是與朋友見面或是回娘家等。

當然，就算不做這些事，也可以以自己的身體健康為由，向先生的親戚提出拒絕，像是：「我身體不太舒服，請讓我稍微露臉就好。」

人家的老家也是個大家族，聚集有大批的親戚，但也不是每個人都會露面的呢。有人很少露面，也有人總是會出現。

若不太常露面，周遭的人也只會想成是「只會偶爾露面的媳婦」。相對的，**只要是露臉的時候，就要積極與人溝通，幫先生做足面子就好唷。**

與親戚間的來往絕對不是義務。所以，**義務之外的事情，不想做的可以不要做。**

義務之外的事情，
不想做的可以不要做。

Case 29

案例
29

丈夫都不好好回應問題

我們夫妻經常吵架。這雖是無可避免的，但問題是在那之後。就我來說，我每次明明都不想吵架，所以會**想好好討論**為什麼這次又吵架了？**該怎麼做才能避免吵架？**可是丈夫總是提高音量，大聲怒吼，就算之後想跟他好好談話，他也會覺得很麻煩，跑到別的地方去。（五十五歲，女性）

比起從耳朵進入的資訊，

Tomy式回答

重點不止是兩人無法對談唷。首先是吵個不停這件事。不能認同彼此的觀點，會吵架也是無可奈何的，但重要的是，要聚焦在真正必要的吵架上。

因此，為了讓對方跟自己對話，必須下一番功夫，**但是減少吵架的頻率也很重要。為此，還是要拉開距離。因為若距離太近了，就會增加沒必要的吵架。**同時，若吵架次數增多了，沒耐性的人對於要一一討論這件事本身就會感到有壓力呢。

夫妻兩人關係變融洽是很理想沒錯，但最重要的是「能長時間舒服地待在一起」。所以可以減少兩人在一起的時間，但舒服度過就好。這麼做了之後再來討論剩下的問題吧。

無法對談、容易不耐煩的人本來也就是不擅長於和人耐心對談的唷。**和人對談會感覺自己好像會被責備，所以又會煩躁起來。**雖然理智很清楚知道這點，但一旦和人對談，就會不斷重複同一件事。

面對這類人時，**有時比起從聽覺（耳朵）獲取到的資訊，從視覺（眼睛）獲取到的資訊會更能讓人冷靜思考喔。**

妳可以試著寫信。在信中先寫入預告，像是：「關於這一點，我想和你談談，因為我不想為同一件事爭吵。」用條列式將想商量、討論的事項寫得簡單易懂。

即便是長時間生活在一起的夫妻，煩惱著無法好好交談的人，在這世上其實很多呢。若是寫冗長的書信給無法好好與人交談的人，他們非常可能會因為嫌麻煩而不看。妳可以試著用條列式的方式書寫，或是寫得簡短又直接了當，將妳想說的事寫出來就好。

從眼睛進入的資訊會比較能讓人冷靜思考喔。

Case 30

案例
30

丈夫會嘲弄自己的體型

我們夫妻在一起十年了。我自生產後體重就一直增加，難以瘦下來。先生本就是不太容易發胖的體質，從結婚那時起，身型就沒怎麼改變。這樣的**丈夫卻會在各方面評論我的外觀，讓我很介意**。丈夫似乎也有想要和我溝通的意思，但他喋喋不休的，讓我很不開心。（四十二歲，女性）

「面對討厭的舉動時，沉默以對」。

Tomy式回答

這真是很令人煩躁呢。雖然丈夫只是想戲弄人，但對妳來說，卻只會感到不愉快呢。像這種情形，依舊是使用設定框架的技巧。這時候，有效的方法是：**「面對討厭的舉動時，沉默以對」**。

丈夫對妳的體型開玩笑時，不要說話，忽視過去。因為他是想要進行溝通，若妳一直忽視，他應該就會說：「妳為什麼沒反應啊？」此時妳只要回答一句：「因為一點也不好笑。」就好喔。就丈夫來說，他應該也不是要讓妳尷尬的，所以總有一天會不再開妳體型的玩笑。

無言攻擊，非常有可能可以順利進行喔。

不說話就是最大的反駁唷。
忽視他的舉動，對方就會頗為受傷。
所以，雖然這方法不應該隨便使用，
但自己明明已經說了不喜歡被那樣對待，
而對方卻還是無法了解自己的心情時，
就可以選擇不說話。

Case 31

案例
31

妻子拒絕工作

最近公司的業績不好，我的薪水也減少了。另一方面，孩子的教育費用花費不小，若想繼續現今的生活方式，妻子就必須也出去工作，否則會很辛苦。但是，**妻子說她不太想出門一起去工作。**就算想好好和她討論商量，她也會巧妙的錯開話題。（四十四歲，男性）

提出的事項會給對方帶來負擔時，

Tomy式回答

這時候，反而是妻子會不想要被你牽著鼻子走，所以在使用著技巧呢。她正在對你使用的就是「糊弄戰法」唷。這時候，設定框架是最有效的。

讓她查看現在的收支表，若超出一定程度的界線，就要去工作；若無法做到這點，就要改變某部分的生活方式。你應該要成為主控者，設定好框架。

提出的事項會給對方帶來負擔時，可以用出口戰略唷。這點非常重要。

被人提出建議要負擔些什麼的時候，很多人都會感到不安喔。這些不安有：「一旦回應了要求，要求會不會不斷接踵而來？」「這樣糟糕的情況會不會一直持續下去呢？」

所以，**提出建議時，要像「到〇〇之前這段時間」「〇小時就好」這樣，可以明確告知對方界線，若是超過這範圍就不會再提出要求了。**

要使用出口戰略唷。
這點非常重要。

第四章

不被公司中的人際關係牽著鼻子走

有很多人在人生中有很長時間都是在公司度過的，在第四章中，我們就來探討一下關於公司內的人際關係。待在公司的時間一天約有八小時，視情況還可能更多。假設睡覺時間是八小時，醒著時間約有一半以上都是在公司度過呢。而且因為公司裡有規則，即便再不想受到影響，也不可能違逆公司的方針或上司的指示。

此外，因為事關收入來源，是生活的基礎，所以會覺得也逃不開公司裡的人際關係。可是這樣想是不對的喔。公司的人際關係只限定於公司而已。若是離開了公司，就毫無關連了。

在職場的期間，並不須要和公司的人成為像是朋友那樣的良好關係喔。在公司的人際關係，最重要的就是如何「讓工作作起來更容易」唷。因此在被牽著鼻子走之前，重要的是要擁有「不過就是限定的人際關係而已」這樣的觀念。單只是這樣，應該就能改變不少情況。

Case 32

案例
32

上司總是朝令夕改

我最近換了直屬上司。以前的上司個性很沉穩，在他底下做事很容易，但我和現在這個上司相處不順利，讓我頗為困擾。最大的原因是，**她很隨性，常會改變指示**。若是等著她不知道什麼時候又會改變心情才著手進行，她又會說：「那件工作還沒做好嗎？是不是有點晚了？」實在很令人洩氣。（二十八歲，女性）

別把隨心所欲的上司交代的工作

Tomy式回答

妳的上司很隨心所欲呢。若是朋友或家人，還可以不用理會，但若是上司就不能這樣了呢。這時候就無法使用像之前的設定框架，以及拉出距離的技巧了。此外，要使用打造出自己步調的技巧也有限度。

此時只能改變想法，減輕自己的壓力。話雖這麼說，在職場中卻做不到分散化，而且即便想像上司的心情也會讓人覺得是「好隨心所欲喔」。

重要的是，別把隨心所欲的上司交代的工作當成是自己的工作。簡單說來就是「放棄」。

妳的工作並不會推進整體的工作唷，只是在做著上司交代的工作。所以就算整體的工作失敗了，妳也不用介意唷。

只要單純照著上司說的做，若能改變就改變。若認為推進工作是自己的責任，就會感到有壓力，所以可以不用介意唷。或許這樣做會有些降低妳的熱情，但只要妳是組織中的一員，就只能這樣了。

不過，**一定要留下「自己是遵照上司指示去做的」的證據喔**。因為隨心所欲的上司也有可能會隨心所欲的逃避責任呢。

當成是自己的工作。

上司之所以經常改變指示，
與其說她是清楚狀況了才改變指示，
更有可能是因為「不記得自己說過些什麼了」唷。
因此妳只要做好準備，守護自己，
之後則是說著「是、是」地遵從指示，這樣就好囉。
「放棄」的想法還頗為重要的唷。

Case 33

案例
33

會全盤否定的上司

我的上司會全盤否定我所做的事。他也會否定我的人格，想到每天都要看到那名上司的臉就讓我覺得很痛苦。我到底該怎麼做才好呢？（三十三歲，男性）

否定人格不是對你的評價，

Tomy式回答

上司否定你的人格時，基本上就是職權騷擾，太過分的時候可以記錄下來，之後就能與公司商量、討論。

這次的情況或許不用做到那種地步，但讓我們來試著思考一下，關於應對總是否定人上司的方法以及觀念吧。這也是屬於公司人際的範圍，所以能用上的技巧有限。**最重要的技巧是打造自己的步調，而其中，「忽略技巧」又是重中之重唷。**

否定人格不是在指示業務，所以就算忽略也無所謂。可以把上司說過的話當馬耳東風。回答時只要說「是、好」就好唷。**否定人格不是對你的評價，不過是騷擾而已，沒有真正須要接受的價值。**

會好好做出評價的人，不會去否定別人的人格，而是會用具體的行動，冷靜指出優點、缺點，而且也會告訴對方解決的方向性喔。因為上司評價下屬是為了改善業務，而不是為了傷害你唷。

還有，**「否定一切的人，否定就是他們的基本模式喔」，這點要請你先了解。**

不過還真有人是想要否定一切的呢。最好是從一開始就想著對方「應該會做出否定吧」，而且還會喋喋不休。被這種人稱讚的時候反而還比較恐怖呢。或許對方是在打什麼小算盤。

不過就算對方否定自己，若之後明確有感受到他是在妨礙你工作或是做出職權騷擾，就要好好記錄下來，向能夠商量的人提出商量喔。視程度的嚴重性，有時也應該要做出縝密的應對唷。

不過是騷擾而已，
沒有真正須要接受的價值。

Case 34

案例
34

上司老把工作全推給別人

我的上司總是會丟工作下來，讓我很困擾。正當覺得自己的工作結束了，他就會輕飄飄的說：**「這個也做一下吧。」**那本來應該是上司要做的……。我無法對上司說：「那不是我的工作。」我該怎麼辦才好呢？（二十九歲，男性）

「以自己本來的工作為優先，

Tomy式回答

也是有這種上司呢。基本上來說，我們很難在職場上設定框架，但像這種情況則可以設定框架。因為若是做了其他人的工作，自己的業務就無法有進展。而這樣就會形成一個冠冕堂皇的理由——給公司帶來了困擾。

基本的態度是，**「以自己本來的工作為優先，他人的工作則是慢慢來」**，就是這樣唷。

別忘了要以自己的工作為優先。雖然會覺得對方是上司而難以拒絕，但若以本來的業務為優先就沒什麼問題了吧。**被拜託工作時，只要先說：「我先結束這分工作後再做喔。」或許就不會顯得過於尖銳呢。**因為難以設定像是「這不是我的工作，所以沒辦法」這樣硬梆梆的框架，所以像是這樣柔性的設定框架，或許會比較容易實行。

若上司交托給你的工作你都遲遲未動手去做，或許之後就會交托給其他人了。不要直接拒絕唷，柔性地醞釀出「若丟工作給我會很困擾呢」的感覺會很有效的。

別人的工作則是慢慢來」。

Case 35

案例
35

與上司觀念不合

我和新上任的上司在觀念上不怎麼合拍，感覺很累。上司是是希望「大家團結一致、共同團結努力」的人。**但我只想以自己的步調來工作。**我一旦表現出這種感覺，他就會說我：「妳是不是有些冷淡？」（三十歲，女性）

使用自己是主角術。

Tomy式回答

像這種情況，有很多技巧都可以打造自己的步調。**因為想用自己的方法工作，所以建議使用「自己是主角術」**。還有就是忽視上司說妳「冷淡」，聽過就算了。

為了減輕自己的壓力，也可以想像一下上司的立場喔。他也是才剛上任，想在新環境好好發揮一番而拚了命呢。他可能也受到了在此之前的職場文化影響。往好處想，他或許並不是用滑頭的態度對妳呢。

若能這樣想，應該就能更減少些壓力喔。也就是說**「一開始會觀念不合也是理所當然的。只要在一起久了，就會漸漸習慣」**。

職場的氛圍是在其中的全體成員所打造的。別太在意，只要注意打招呼與微笑，用自己的步調去工作就好。

大家本來就都是外人，所以只要能完成工作，沒那麼合拍也無所謂。

Case 36

案例
36

同事總愛說別人壞話

同事是那種只要一開口就是說別人壞話的人，讓人很是困擾。我也無法強勢地說：「別說那種話。」而且話雖這麼說，我自己在聽到他那些話時自己也會說上一、兩句，所以很有罪惡感。**我擔心，若不加上個一、兩句，自己也會被他說壞話，所以很難脫離那樣的環境。**（四十四歲，女性）

說人壞話的人雖沒有察覺到，
但他所說的內容本身

Tomy式回答

像這種情形，對方不是上司而是同事，所以沒有義務聽他說話，更何況是抱怨，就更沒有聽的必要囉。因此只要確實設定好框架就好唷。像是說：「不好意思，我不太想聽到那樣的話。」這樣也行。

還有就是在同一職場中，盡量保持距離。就算被迫要聽抱怨，也要適當地忽略，守護自己的步調。把所有能用上的技巧都用上吧。

雖然做到這種地步會讓人覺得自己是不是會被討厭？自己會不會也被人說壞話？**但就算被討厭也沒關係，就算被說壞話也無妨喔。**

我們可以不去聽說人壞話的人的話。被討厭也無所謂。因為周圍的人都很清楚唷。

說人壞話的人雖然沒有察覺到，但他們說話的內容本身就好像是在「說自己的壞話」喔。真是有趣呢。

另外就是，若妳不離開這樣的人，終有一天，妳不在的時候，他應該也會說妳壞話的。結果，只要能說人壞話，談資是什麼都可以唷，所以才會去說不在場人士的壞話。

結論是，**最好不要靠近這種人唷。**

就像是在「說自己的壞話」喔。
真是有趣呢。

起初或許會因為妳不加入進來而說妳壞話，
但只要一直都不和他扯上關係，
應該漸漸就會減少說妳的壞話了唷。
因為啊，說和自己沒關係的人的壞話，
一點都不有趣啊。

案例
37

同事很優秀而且評價很高

同事跟我是同期進入公司的，他非常優秀。上司對他的評價也很高，似乎會接二連三的交付他新工作。但另一方面，我卻完全不記得工作的事項，**兩相比較之下，感覺就很不好受。**有傳言說，同期可能很快就會升職了……我也很討厭嫉妒著他的自己。我該怎麼辦呢？（三十歲，男性）

若是想和人比較

Tomy式回答

在這件例子中，並不是優秀的同事直接牽著你的鼻子走喔，所以設定框架與拉開距離這類技巧有些派不上用場呢。主要會使用到的技巧是控制隨自己心情過生活的方法喔。

具體說來就是打造自己步調這個技巧中的「提升自我評價計畫」喔。

嫉妒不是實力的問題，而是思考方向性的問題唷。不論同事多優秀，不論上司有多露骨做出比較而令人討厭，不會嫉妒的人就是不會嫉妒。另一方面，雖沒有做出任何比較，但視情況，會嫉妒的人就是會嫉妒比較優秀的人。

結果就只是是否在用自我中心來思考事物的問題而已。話說回來，雖說是職場這個相同的環境，大家產生、培育的目標等一切都不一樣，若站在同一觀點思考利基點不同的事物會很辛苦喔。

以自我中心來思考事物並沒有那麼簡單的呢。但是一點一滴做思考訓練就能夠改變喔。**沒錯，像是想和某人比較時，就可以試著想想看，將過去的自己和現在的自己做個比較。**

即便是同一職場的同事，立基點也各有不同。與他人比較而感到煩躁不安時，可以試著和過去的自己做比較。**若有比過去的自己稍微成長了，那樣就好囉。**和站在同一個立基點的自己比較，應該就不會嫉妒了唷。

可以試著將過去的自己和現在的自己做個比較。

Case 38

案例
38

同事突然開始無視自己

同事突然不和我講話了。此前我們的關係本來很好，現在卻不明原因地變成這樣，給我帶來了壓力。**就算和她打招呼，她也不回應。**我到底該怎麼辦呢？（四十五歲，女性）

我們不清楚什麼都不說的人在想什麼，

Tomy式回答

突然都不說話也是一種攻擊行為唷，而且可說是比普通攻擊還更強烈的攻擊喔。不說話還有一種效果是，讓對方以為「是不是自己的錯」。

但我們要知道，若是有怨言，直接說就好，不說就是對方的錯唷。因此，不受對方影響的方法是和對方進行攻擊時的模樣一樣就好喔。

具體來說，首先是設定框架。**先說好：「妳若是不和我說話，我會很困擾，直到妳和我說話為止，我也不會和妳說話喔。」這段話或許也會被對方無視，但沒關係，就那樣吧。**

同時，在職場上使用拉開距離的技巧在某種程度上也很有效唷。還有，不要兩個人獨處，盡量打造眾人在一起時的對話環境，這麼一來，多少也會緩和不自然的緊張感。

還有，打造自己步調的技巧也很重要唷。用「忽視技巧」，讓我方也忽視對方。不是說「不回對方的話」，而是「對方若是不說話，自己也不說話」唷。

這技巧雖能有效減輕自己的壓力，但這裡重要的是不要使用「想像法」。**因為一旦開始思考對方的心情，想著「為什麼不和我說話呢」，就會讓自己陷入困境中。**使用「分散化法」以分散對方的存在價值就很ＯＫ唷。

我們不清楚什麼都不說的人在想些什麼，也沒必要努力去了解唷。這類人通常會「揣度人心」唷，但我們又不是什麼超能力者。你們只是同為社會人士的關係，都不說話本來就是不被允許的。若是一直都保持沉默並對周遭的人察言觀色，自己可能也會學會「什麼都不說」的做法喔。

「沒有都不說話這件事」，也可以這樣想著去與對方接觸唷。這麼一

也沒必要努力去了解唷。

來，對方就會感覺到不自在，稍微會說點話了。始終保持沉默這點，其實也會讓對方消耗能量喔。

不過，雖然對方的行動上有問題，但妳至少要做到打招呼或社交禮儀的微笑。就算對方完全不回應也沒關係。不說話的人不管她就好，自己守好禮貌，之後的立場會比較有利。

就旁人看來，
妳明明就打了招呼，對方卻無視，
他們就會知道明顯是對方的問題。
妳若想著「反正對方也不會回應」而開始無視，
周圍的人就會覺得「兩個人是彼此彼此」，反而對妳很
不利唷。

案例
39

下屬動不動就會立刻哭出來

進入今年春天後，我為新進員工做了進修。其中有位新進人員，**只要稍微提醒或指導她一下，她就會在當場立刻哭出來，讓人很困擾。**我完全沒對她做出怒吼等職權騷擾的事情，不知道該怎麼應對她比較好。（三十七歲，男性）

「哭這件事，不太會帶來什麼好處。」

Tomy式回答

在這件例子中，因為你是上司，設定框架就非常重要唷。但是，下屬哭泣，使得對話難以進行，很令人困擾呢。這時候明確表示出，「在想談話卻無計可施的狀態下是無法好好說話」的態度很重要。具體來說，就是「不要做出應對，直到哭泣的人停止哭泣為止」。

一碰到情況對自己不利就哭出來的人，**是因為覺得「此前為止，只要哭就能蒙混過關」喔。人是會學習行動模式的，若某種做法能過關，就會習慣做出那種行動喔。**對待動不動就哭的人，最不能做出的應對就是戰戰兢兢、窺探對方臉色。

因此，**在對方停止哭泣之前都要斬釘截鐵地不要做出應對。**

若有職務上的問題，就讓對方在其他房間哭完為止。若對方只是不斷哭泣，就要考慮讓她回家。就像這樣，**最好的辦法是傳遞出「哭這件事，不太會帶來什麼好處」這樣的訊息**。

傳送出這樣的訊息
是最好的方法。

Case 40

案例
40

下屬和同事結夥一起不遵循指示

某位下屬在同事中算是核心人物的存在，若有什麼不滿的，就會拉攏周遭同事，一起無視我的指示。這讓我很困擾。（五十三歲，男性）

「改變周圍人的環境」。

Tomy式回答

這種情況需要用到好幾種技巧喔。首先是固定常用的設定框架。要具體指出：**「你這樣的言行舉止在工作上有問題」。告訴對方，若無法改善你就必須做出在雇用上的應對，這點很重要唷**。此外，為了進行這樣的方法，就要確實蒐集好對方問題言行舉止的證據。

之後則是針對跟著對方走的周遭人物，一對一地採取堅決的應對，這也很重要。不僅是本人，也要掃除周圍的障礙喔。

還有，打造自己的步調也很重要唷。因為真正的老大（上司）是你，所以不可以軟弱地想著：「要是惹下屬生氣了該怎麼辦？」這類人雖然會促使你變得軟弱，但請完全不須要理睬。要確實活用「自己是主角術」喔。

此外，最有利的技巧是**「改變環境」**。因為不只是那個人的性格，環境也是讓他傲慢起來的原因。因此最好的方法就是改變他身邊的成員，或是變更他的職務，打散他現在的人際關係。

話雖這麼說，要馬上變更是很困難的。首先，身為上司的你，和他身邊的每一位成員建立起關係性也很有效唷。**所謂的人性是和環境成組配對的唷**。一旦置身於不同的環境，或許她也會變為一名好下屬。有時，此前本來一直都是好下屬的人，一旦改變了環境，就變成了難相處的人。

Case 41

案例
41

下屬動不動就說想辭職

同一組的下屬動不動就說：「要是〇〇，我就想辭職」。我雖會勉力安撫，但也覺得頗累。我到底該怎麼應對比較好呢？（四十歲，女性）

只是因為想打造舒適的環境

Tomy式回答

這就是典型的手段唷。**對於會說出「不幫我做○○，我就XX」台詞的人，基本上完全不可以把他當一回事，也完全不能做出任何妥協喔**。

如果妳妥協了，對方就會變本加厲唷。「只要這麼做，事情就會如我的意了」。當對方想要牽著妳的鼻子走，可以先把話題轉到題外話上，作為場面話，也可以只安撫他一次。可是重要的是，要在心中預先想好：「他若是真想那麼做，就隨便他吧。」這裡所使用的技巧主要也是設定框架。

此外，若能先意識到**說著「不想做○○」的人，只是想控制妳而已，不是真想做那樣的事**，心裡會更輕鬆唷。

真正想辭職的人是不會把想辭職掛在嘴邊的喔。因為只要做出行動，辭職就好。正是因為不想惹起風波，所以不會說唷。

會刻意說出口的人，在當下是完全沒有辭職念頭的人唷。**不過是因為想打造舒適的環境，才會對妳做出那樣的事、展現出那樣的態度。**若是輕易的就這樣接受了，會讓對方打蛇隨棍上，正因為會讓彼此都不好做事，所以不可以隨便應對。

不過對方的確是因某些事而懷有不滿，所以或許還是聽一下他說的話會比較好。雖然對方或許總有一天會辭職，但不會是現在喔。像這樣把對方牽著鼻子走以達成自己要求的行為，在精神科中就稱為「操作」。針對操作最好的應對方法就是完全不予回應唷。

才會對妳做出那樣的事、
展現出那樣的態度。

第五章

不被朋友牽著鼻子走

在第五章中，要來討論如何不被朋友牽著鼻子走。基本上，朋友是因為喜歡彼此才能形成的關係。同時，因為不是家人，不是會因為某些事物而牽絆在一起的關係。因此基本上來說，比起「設定框架」，更要以調整距離為主要對策喔。

而且朋友的定義會因人而異，關係性也各有不同喔。如果你正被朋友牽著鼻子走，要先好好思考自己與對方的關係性，而非想著「因為是朋友，所以應該這麼做」，要以今後想打造怎樣的關係為立基，思考不被對方牽著鼻子走的對策。

Case 42

案例

42

朋友會騎到自己頭上

我有一位從大學生時代就認識的朋友，工作後彼此就很少聯絡，但透過IG，又開始了來往。她不知道是有意還是無心的，總是會做出些過於欺負人的舉動。我之前都不太在意，但現在卻覺得好像有點「是在諷刺我嗎？」（二十五歲，女性）

把對方想成是心懷惡意之前，

Tomy式回答

首先，試著思考一下妳和她之間的關係性吧。或許她真的是妳的老朋友，但卻有一段時間沒聯絡了。而且她不是主動前來聯絡妳，而是透過了社群軟體才又變親近起來。

這麼想來，妳們的交情尚淺，雖然之後也有可能會變深，**但最好是想成也十分有可能會再度疏遠**。

若是這種程度的關係，設定框架就不太有意義喔。因為設定框架是使用在關係有某種程度的親近上時。在這分關係中，若向對方說：「妳要是再做出那樣的舉動，我就不和妳聯絡囉。」對方很可能會說：「好，再見。」

因此，主要使用的技巧是拉開距離，和會騎到妳頭上的朋友拉開距離。

是對方騎到妳頭上？還是妳自己有點想太多了呢？實際上是不得而知

的。可是妳確實有感受到不舒服的地方。會像這樣出現情緒上的不穩定就是因為距離稍微有點太靠近了唷。

所以或許可以減少會面的頻率，拉開一定程度的距離。畢竟現在正因為兩人變親近了，妳才會去介意她的言行舉止不是嗎？在把對方想成是心懷惡意之前，**拉開適度的距離很重要唷**。

話說回來，只要冷靜思考一下，人家不由得就會覺得，那個會騎到自己頭上的人究竟算不算得上是朋友呢？

其他可以使用的技巧還有打造自己的步調。用「自己是主角術」，在和她說話的時候讓自己去主導（別說到會騎到妳頭上的話題）、用「糊弄戰法」適當糊弄會騎到妳頭上的話題，以及三不五時也可以使用「忽視技巧」進行忽視。

拉開適度的距離很重要唷。

同時還可以使用「提升自我評價計畫」，讓自己更有自信，處在類似「啊啊～她好像說了些什麼呢」這樣的心境。

還有就是使用減輕自己壓力的技巧。**會想強壓人家一頭的人基本上都沒什麼自信，只要想著對方是「我正在做出很棒的展示」，就會減少煩躁。**只要多擁有不會想壓過人家一頭的優質人際關係，以分散化與她之間的關係，就會減少想到她的時間而感到很暢快。

能做到這地步就很完美囉。

Case 43

案例
43

朋友總是在抱怨

我有位從以前就交往至今的朋友。以前我們常開心的玩在一起，但最近她卻頗消極負面，每次碰面都在抱怨。我想，她應該並不幸福，所以會陪著她說話，但說實話，這讓我很痛苦。（三十一歲，女性）

方法就是開口說出：「妳最近過於消極負面囉。

Tomy式回答

這是在多年友誼中最容易出現的情況呢。因為對對方有感情而感覺到「最近好像很奇怪」，而這就是寂寞的感覺喔。另一方面也會冒出「想幫助對方」的想法吧。

基本上來說，雖然難以使用設定框架，但若兩人關係深厚，有時也可以使用設定框架喔。

那就是為對方著想而賭一場勝負的時候。

方法就是開口說出：「妳最近過於消極負面囉。要是不停止抱怨，我們就不要再見面了。」不過這時候一定要傾注感情來說，而且這麼做還有著兩人會就此疏遠的風險喔。可是啊，若兩人因此疏遠了，或許就只能想成是緣盡於此了呢。

若這樣還行不通，就要使用拉開距離的技巧，只能將距離拉開到妳不會感到疲累的範圍內了。

此外，減輕自己壓力的技巧也很有效。因為是長年交往的朋友，可以仔細詢問對方的狀況，像是：「唉，若是這樣的狀況，難免會變得消極負面呢。」想像朋友的立場，這也是個不錯的方法喔。

還有就是碰面時，打一開始就做好心理準備要聽她抱怨地去見面吧。像這樣果斷地下定決心法也不錯。

從一開始就不要抱持期待，自己在心中謹記，「我是為了聽她抱怨才和她見面的」就好唷。當然，若沒有這樣的打算，也可以不用勉強去與對方見面喔。

要是不停止抱怨，
我們就不要再見面了。」

聽人抱怨時，請把自己想成是「多管閒事的大嬸」。也就是一副饒有興致的模樣，什麼事都想摻一腳的人。「嗯嗯，然後呢？」像這樣，適度地做出詢問。見面的頻率則是「好奇於對方近況如何時再見面」，這樣就好唷。

Case 44

案例
44

朋友很任性妄為

朋友是任性妄為的人，讓人很困擾。他總是只提案自己想做的事，卻完全不管我的期望。此外，**他也會把自己該做的事強推給別人去做，這點也很令我困擾**。但因為他不算是個很討厭的人，不知不覺就繼續和他交往下去，可是他每次都這個樣子，實在很討厭。（二十二歲，男性）

「和任性妄為的人交往，

Tomy式回答

在這個案例中，最好能重新修正一下自己與對方的關係喔。說白了，他真的可以說是你的朋友嗎？在這世上，也有人口稱朋友，卻把對方當成讀卡機或嘍囉來對待的唷。視情況不同，也會做出近似欺侮的舉動呢。

當然或許你會想「才沒那回事」，但**人的心理有著防衛機制，有時會扭曲自己的真心，以取得心靈上的平衡唷**。所以你要重新站回原點，試著思考一下：「跟這個人在一起時，真的開心嗎？」

即便如此，若你依舊覺得他是朋友，那麼拉開距離的這個技巧就很重要。其次的重點就是要如下思考唷。

「和任性妄為的人交往，以能忍受笑看他任性妄為的程度去和對方來往即可。」

雖是任性妄為的人，但也是有人做為朋友能令人開心的喔。要是沒一點好處，應該早就不會當朋友了，但這樣也是不錯的。不過若過於頻繁、長時間相處，令人不快之處會變得惹人厭煩起來，導致破壞朋友關係。

因此要心懷餘裕，以能觀望對方任性妄為的程度去和對方交往。相遇時，若對方從一開始就是這種人，那就最好先放棄囉。

以能忍受笑看他任性妄為的程度去和對方來往即可。」

案例
45

朋友總在社群軟體上閃閃發光

我有位朋友很耀眼，會在IG跟臉書上PO文說「自己很棒」。我要是沒看到還好，但因為忍不住一直看下去，所以老實說有些煩躁。（二十歲，女性）

「PO文貼得閃耀動人的人，
生活過得並不充實，

Tomy式回答

像這種情況，自己要在IG上貼什麼內容是隨自己高興，所以重要的是不要受到不禁一直看下去的自己心情所左右喔。因此不需要直接發言，反而是不該說什麼的。因為那是當事人的自由。

這麼一來，這時候就可以使用不為人知的絕招——對自己設定框架。例如**設定「一週只能看一次」，若無論如何都看得很痛苦，就「刪掉自己的帳號（不再使用社群軟體）」**。

此外，拉開距離感這招也很有效，但這時候，要拉開距離的對象不是朋友，而是社群軟體。像是「減少看社群軟體的時間」「不要把手機或電腦放在手邊」等。

還有就是打造自己步調的技巧也很有效。當然，使用「忽視技巧」來忽視也很重要，同時使用「提升自我評價計畫」來提升自己的評價也很重要。

也可以使用減輕自己壓力的技巧喔。這時候可以利用「想像法」來理解如下的說法。

「PO文貼得閃耀動人的人，生活過得並不充實，所以才會那樣貼文喔。大度地想成是對方的興趣吧。」

真正過著充實又快樂生活的人，是不會刻意去關注那些並貼文的喔。貼文、重拍照片好幾次、修圖、回覆留言……，單是想像就是一件頗麻煩的事呢。若生活真的過得很充實，就會將大筆時間花在生活本身上頭，所以不會做這種事的。若有人不是這樣的，那我要說聲抱歉。

所以才會那樣貼文喔。
大度地想成是對方的興趣吧。」

Case 46

案例
46

朋友很喜歡探聽別人的私事

我有個朋友很喜歡打探我的人際關係以及生活方式。**但是，我沒有想徵詢她的意見，她卻會一一指謫：「這樣不行喔」「不應該這樣啦」。**除此之外，我對她沒有其他不滿，但她對我的過度干涉，實在讓我不好受。（四十九歲，女性）

反過來說，那妳不也可以說朋友的事嗎？

Tomy式回答

這朋友還真是過度干涉人了呢。可是，和過度干涉的父母不同，朋友並沒有住在一起，所以可以以使用拉開距離這個技巧為主。另外也可以使用「減少時間術」，單純減少兩人碰面時間。

也推薦使用「總是和一夥人在一起的作戰」，不要營造出兩人獨處的時間。這麼一來，對方就不太會干涉妳了。

還有就是打造自己步調的技巧也很有效。使用「自己是主角術」，由自己打造話題的走向吧。**反過來說，妳不也可以說朋友的事嗎？只要擾亂對方的步調就好唷。**

首要的還是即便朋友干涉了自己也不要太過在意。因為是一般朋友，所以可以輕鬆笑著說「那是祕密」「因為妳指謫了我，所以不開心」等。

因為是朋友，討厭的事直說就行囉。用這種坦率的心情去與朋友接觸就好。雖然這也可以說是一種軟性的框架設定。若妳們兩人的關係連這種事都無法開口說，說白了，就是不當朋友也沒差喔。

雖說是朋友，彼此間的禮儀與相互間的體貼仍是必要的唷。若無法做到這點的人，不用勉強去和對方相處也沒關係。若妳喜歡她，就坦率跟她說。若是朋友，雖會有爭執，卻不會疏遠的喔。

只要擾亂對方的步調就好囉。

Case 47

案例
47

朋友很依賴

我有位朋友，一碰到任何事就會想依賴人。連本人就可以決定的事，也要問我：「妳可以幫我做決定嗎？」一定要自己做的事情也會說：「妳幫我做。」**感覺好像所有事都很依賴人。**我幾乎都沒有請她幫過什麼忙。我該怎麼和這樣的朋友相處呢。（二十一歲，女性）

最好的做法是給她意見或建議，

Tomy式回答

像這種依賴性很強的朋友，可以確實做好設定框架就好。**應對依賴時，不要留有交涉或妥協的餘地，要斬釘截鐵的拒絕喔。**應該自己做決定的事就要讓對方自己去決定，**完全不能幫她做任何決定唷，可是可以跟她說建議或意見喔。**

有一種人格障礙叫依賴型人格障礙，這種人會對自己要做的所有決定感到異常恐懼唷。這類人會逃避對任何事做決定，交由某人來代做決定。

雖然我們不知道她是不是這樣的情況，但至少可以確定的是，她有著很強烈的依賴性格，所以既然是朋友，與她相處時，最好不要去助長她那樣的傾向。**最好的方法是給她意見或建議，然後敦促她：「可是一定要由妳自己做決定唷」**。

若做出了這樣的應對，她還是說出了同樣的話來，只能莫可奈何的使用拉開距離的技巧了。可是這時候最好還是要跟她說清楚喔。

告訴她：「妳和我在一起的時候會依賴我，這樣感覺不好，所以我們還是拉開點距離吧。」**有時很令人意想不到的是，對方並不會知道自己到底有什麼問題唷**。為了朋友著想，就要明確指出問題點來。

然後敦促她：

「可是一定要由妳自己做決定唷。」

Case 48

案例
48

朋友愛指謫人

我有位朋友總愛指謫我說：「因為你是〇〇」，**會分析、片面斷定我的事情**。我想她應該是以父母親的心態在看待我，但老實說，她很多時候都說錯，所以很希望她別再那樣做了。可是這話我很難說出口，而且好像也會被她反駁道：「我是為妳好呀。」（五十一歲，女性）

進行一般對話時，若對方也說了令人不悅的話，

Tomy式回答

這件案例中，棘手的點在於，對方認為「自己是對的」。要向認為自己是正義的人陳述意見是很困難的，而且對方也一定會生氣。

因此不要對這種人進行框架設定，只能使用拉開距離感的技巧，或是巧妙地忽略她。拉開距離時，只要減少平常接觸的時間就好。此外，忽視時有技巧，基本上來說，對方分析妳時，沉默不語很重要唷。

進行一般對話時，若對方也說了令人不悅的話，先不要做出反應，保持沉默就好喔。只要點點頭就好，不要由自己主動拓展話題。不論是多會指謫人的人，若只聽到妳說「對」「嗯」，也會很快結束對話的。若是運氣好，或許她還會察覺到：「她是不是不希望我用這樣的說話方式？」

若是如此還是改變不了，就可以使用祕密絕招，反過來一一反駁對方：「其實意外的並非如此。」**這麼一來，會去片面評斷對方的人就會討厭起被反駁唷。因此，只要提出反駁，對方就不會再說囉。**

先不要做出反應，
保持沉默就好喔。

案例
49

朋友過於負面消極

朋友只會說些負面消極的話，像是「反正我就是不行」「我對將來好不安」「已經無計可施了」。單只是聽著就讓人覺得好難受。（十九歲，男性）

可以明確告訴他：

Tomy式回答

這種情況也是可以使用各種技巧，但是最好的依舊是拉開距離這個技巧喔。因為不限於是朋友，最好能不要和總是說著負面消極話語的人接觸喔。

不過問題是對方並非負面消極的，只是總說些負面消極的話而已。**雖然有點麻煩，但負面消極的人和只會說負面消極話的人並不一樣喔。**

把事情想得很負面消極是本人的想法，所以無所謂唷。而說著負面消極話語的人，卻欠缺了為對方考慮的心。因為即便想法很負面消極，若有考慮到對方，一般來說都會沉默不語的。

當然，痛苦到莫可奈何時，也是可以考量著對方的情況來說負面消極的話喔。因為覺得是朋友才會傾聽這些。可是這位朋友的情況卻不一樣呢。已

「總是說些負面消極的話很不好，

經把常說負面消極話語這件事當成了理所當然。

這樣做，坦白說是在撒嬌，也是在依賴呢。或許說了那些話後本人會覺得很暢快，就某種意義上來說，也可以說是很積極正面的呢。不過多少是有點以自我為中心的喔。

當然，若希望對方能做出改變，可以明確告訴他：**「總是說些負面消極的話很不好，所以如果今後也只會說這些話，我就會想和你保持距離」**。

可是這麼做頗費力，而且很多時候，即便做到這種地步也沒有好處唷。若有可能改善，應該就會做出察覺到目前為止狀況的發言，像是：「抱歉，我總是在說些很負面消極的話。」

如果今後也只會說這些話，我就會想和你保持距離。」

坦白說，和這類人在一起不太有什麼好處，所以只能保持適度的距離和他們來往。

Case 50

案例
50

朋友自我感覺良好

朋友是俗稱的「自我感覺良好」，相處起來有點累。他會去參加講座或線上沙龍，也會在推特上等寫下自己的座右銘向人傳播訊息。雖然這也沒什麼不好，但總感覺他的一舉一動都是在仿效他人。（二十八歲，男性）

只要改貼上

Tomy式回答

在這情況下，對方並沒有做什麼錯事，要說是你本人擅自想像也可以唷。因為是你自己要插嘴別人的領域而深受影響的，所以這案例無法使用設定框架呢。

此外，若你無論如何在生理上都受不了這樣的情況，也是可以拉開距離，反正對方是朋友。

因此，若因為彼此是朋友而要以忍耐為優先，建議可以使用減輕自己壓力的技巧喔。尤其是這次的情況，很適用「想像法」呢。可以試著站在對方的立場想想。

如果你很「自我感覺良好」，究竟是因為什麼原因才會做出那樣的舉動呢？試著深呼吸想像一下。這麼一來，應該就會看出對方的隱情或動機。

知道答案了嗎？

答案應該是因為「想逞強」唷，還有「想成為很棒的人」，所以想隨便做點能做到的事。結果就是成了「自我感覺良好」。可是只要一想到對方是在逞強，不覺得就稍微能原諒他了嗎？

說得更甚些，拚命逞強的「自我感覺良好系」可以說是有點可愛呢。

把人貼上「自我感覺良好」的標籤後，不知不覺中就會覺得對方「自信過頭」。所以這是不怎麼好的標籤呢。因此，只要換貼上「可愛」的標籤就好唷。

而且人家其實沒那麼討厭自我感覺良好的人喔，因為他們的基本想法其實是想成長。

「可愛」的標籤就好唷。

我很理解你不善於應對「自我感覺良好」的人的心情。
但若朋友過於出格了，或許只要單指出那個部分就好呢。
根據每個人的想法不同，有可能他只是笨手笨腳地在逞強，你可以帶著微笑地觀望、忽視即可。

案例
51

媽媽友很冷淡

我有交往了幾年的媽媽友。我們最初是透過PTA（家長教師聯誼會）認識的，在談論孩子間話題時漸漸相談甚歡。我們一起烤過肉、去過茶會，交情一度很要好，但從某一天起，突然就冷了下來。**和她搭話時，回應很冷淡，去參加活動時也把我排除在外。**（三十九歲，女性）

基本上來說，
要果斷選擇拉開距離這個技巧。

Tomy式回答

基本上來說，什麼都沒跟對方說就突然改變態度的人是很幼稚的人唷。

他們想藉由鬧脾氣讓周圍人能察覺到，因此就什麼都不說。可是這簡直是小孩子氣的做法。

因此，最好想成是：「突然變冷漠的人是本來就那樣的人」。

若真是朋友，應該要好好說明，告訴妳哪裡有問題喔。什麼都不說就冷漠以對，任誰都會感到不安，而且也會不開心。會做出這種事的人才不是朋友呢。

因此，基本上來說，要果斷選擇拉開距離這個技巧。若近距離待在一起，就只會受到對方的影響。

會做出這種事的人是會再度做出同樣事情來的喔。假設即便妳這次努力修復關係，之後，同樣的事情還是會重複發生，有很高可能性會變本加厲喔。所以最好是和這個人斷了往來。

即使對方來向妳道歉，妳也不應該忘了她突然變冷淡的這件事唷。最好是能有所防備。

若近距離待在一起，
就只會受到對方的影響。

第六章

不被自己牽著鼻子走

此前的篇章中，基本上談到的都是「不被別人牽著鼻子走」的狀況。但是，煩惱中也不時會有「像被別人牽著鼻子走般，被自己給耍得團團轉」這樣的狀況。

實際上，只要自己的心不亂，就不會被他人牽著鼻子走唷。所以不只可以對他人使用技巧，也可以試著自我探討。在一開頭所整理出來的技巧，雖都是用在會深深影響自己的對方身上，但其實也可以用在自己身上。

在第六章中，我試著蒐集了這類的案例。或許其中會有讓你不被牽著鼻子走的最簡單方法喔。

Case 52

案例
52

介意他人眼光

我總是很在意別人怎麼看我，總是提心吊膽地想著：「要是在無意中傷害了別人該怎麼辦」「要是在不知不覺中讓人覺得不愉快了怎麼辦」。**我很怕與朋友來往，甚至到了不敢交往的地步。**

（十六歲，女性）

拉開與自己不安的距離，

Tomy式回答

像這種情況，拉開距離的技巧是最好的喔。但是**要拉開自己與不安的距離，而非與對方的唷**。用「減少時間術」減少想到朋友的時間，盡可能做各種事情，並且避免過度去想對方的事。

也可以使用「總是和一夥人在一起的作戰」。就像不要過於去想一個人的事，和家人或是在一起能感到安心的朋友一起開心度過。「自己是主角術」也很重要。比起不安於是否傷害了對方，將心情替換成正面積極的「自己想這樣做」！

「提升自我評價計畫」也很重要。因為就對方看來，只在乎自己就是很沒自信。所以要多培養點自信。

減輕自己壓力的技巧也是一個重要的方法唷。尤其是想像、分析自己為什麼會有那樣的心情很重要。因為意外的是，連自己都不太了解自己呢。

自我分析之所以重要，是在於所謂的「防衛機制」。這是在精神分析領域中所使用的概念。

簡單來說，**人若是就這樣心懷糾葛不處理，有時心靈將無法順利取得平衡。因此有時須要對自己的心情進行加工處理**。這就是「防衛機制」。

防衛機制也有各式各樣的喔。以下我抓出幾個重點來做介紹。

・**無視**…無意識中消去，把問題當成不存在的方法。假裝看不到。

・**歪曲**…扭曲事實，改變問題點或不安防衛機制。「狡辯」也是其中之一唷。

・**投影**…明明是自己所感受到的感覺，卻認為是對方的想法，以此來取得心靈的平衡。

而非與對方的。

「要是有這個餘力去擔心別人怎麼想自己，

・**反作用形成**……做出和真正心情相反的言行舉止。青春期孩子會故意欺負喜歡的人就是這類。

・**退行**……藉由採取較真實年紀不成熟的言行舉止以取得心靈的平衡。遇見某人想撒嬌也是一種退行。

・**退縮**……本來有必須要面對的問題，但為了逃開那樣的緊張與不安，就開始從事完全不相干的事。這是日常生活中經常會用到的防衛機制。

・**自責**……過度責怪自己也是防衛機制的一種。藉由責怪自己，心情上就會覺得有在贖罪，也有找回平靜的一面。

其他還有各種各樣，但這些就是防衛機制。人家在這則案例所發生的問題上，想到的是投射、反作用形成以及自責的防衛機制。例如其實在內心深處或許覺得對方很糟，但不想就這樣承認，所以有可能就想成是他人覺得自己很糟。像這情況就是投射。

此外，其實或許是對對方感到不悅而升起了攻擊的心情。但若是就這樣承認，就會覺得自己好像很壞，演變成對他人「很抱歉」。這種情況就是反作用形成喔。

可能性最高的就是自責的防衛機制。若過於認為他人或許把自己想得很糟，就會自責。在此，不能否定的是，這樣做會有讓心靈感到安定的一面。

透過察覺到這樣的防衛機制，就能認清自己心靈的真實面。防衛機制本來是期望能有讓心靈安定下來的作用，但是因為也算是「應付一時」的機制，若是就這樣放著不管，反而有可能會讓心靈變得不安定。

不如去認識更多人吧！」

泛泛之交也可以，

所以自我分析是有意義的。此外，在防衛機制中有優質也有劣質的，透過切換至優質的防衛機制，就能順利解決。

優質防衛機制的代表有升華。這是將不安的心情轉化到運動或藝術等方面的方法。因此，為了消除這類不知他人如何想自己的擔心，可以透過轉移注意力，例如寫詩或小說，或是透過運動來發散，又或是去學習些新知也是個不錯的方法。

此外更簡單的就是分散化，這也很有效。也就是說，可以這麼做：「**要是有這個餘力去擔心別人怎麼想自己，不如去認識更多人吧！**」

與朋友間的關係，投不投緣也很重要唷。投緣就是「不用過於積極努力也能愉快相處」。之所以會想著對方的各種事而提心吊膽的，也許就是因為和不怎麼投緣的人湊在了一起呢。

要獲得改善就要展現友好態度、增加朋友。只要朋友多了起來，就能提升和好相處的人長久持續交往下去的機率，也就不會去在意和某些人相處不順了。

若人際關係狹隘，反而會提高對對方的依賴度，腦中只會想著對方的事喔。泛泛之交也可以，總之就是要增加朋友唷。

總之就是要增加朋友唷。

Case 53

案例
53

自己很負面消極

我習慣把自己的事想得很負面消極。即便事情進行順利，**我還是會不安的想著，會不會哪一天就不順利了？**然後若是事情不順利，腦中又會不斷想著：「我果然不行。」總之，我很沒自信。

（二十五歲，男性）

「事情進行不順利時，

Tomy式回答

這個案例，在某種意義上，可以想成是典型深受自我影響的案例。像這種情況，基本的做法就是立刻在腦中斷開負面消極的念頭。

若要再加上一個方法，則推薦以下的做法喔：**「事情進行不順利時，要知道其中的原因。」**

「不知道什麼時候會變不順」這樣的不安稱做是「預期性焦慮」。這本是經常使用在恐慌症中的概念。在恐慌症中，這是一種會突然出現「恐慌發作」的疾病，會伴隨著各樣症狀，像是持續五分鐘左右的噁心想吐、頭痛、心悸、呼吸困難感、頭暈等。

即便做了詳細的檢查，身體也沒有異常，但因為「不知道會不會再度發作」這樣的不安，給生活造成了阻礙。這就稱為預期性焦慮。恐慌症可以透過藥物療法或是認知行為療法等心理諮商的方式來進行改善，但理解到「為什麼恐慌症會發作」「恐慌發作是怎麼回事」也很有效。

也就是說，**知道了不安的真面目與應對方法，就能壓制住愈形增大的預期性焦慮**。你的負面消極也可以說是產生自「或許會變得不順利」這樣的預期性焦慮喔。冷靜思考並理解「為什麼會不順利呢？」「之後該怎麼做好呢？」很重要喔。若只有一個人苦思，會偏向於「因為自己不行」這樣的想法，所以或許最好能去問問朋友、父母、上司或恩師等人喔。

要知道其中的原因。」

Case 54

案例
54

不禁就會說別人的壞話

我總是不禁就會說起別人的壞話來。之後雖會反省，**但一回過神來，又會再說某人的壞話。**最近我覺得周圍的人好像有在漸漸疏遠我。我到底該怎麼做才好呢？（十八歲，女性）

「請和不說人壞話的人

Tomy式回答

在這個例子中，妳正被「想停手卻停不下來的行為」給牽著鼻子走呢。這種時候，基本上來說，設定框架是很有效的唷。當然是對自己設定框架，但若只在自己心中那麼做，將很難順利進行，所以也可以向周遭做出宣言。

「我決定再也不說人壞話了。要是說了，要提醒我喔。」

即便只是這麼說，也容易啟動自制心，若要再更進一步追加，可以附加上「要是不經意間說了人壞話就請客！」

還有就是，像這樣的情況，調整環境也很重要喔。具體說來就是，**「請和不說人壞話的人在一起」**。

或許妳已經養成習慣了，但若想戒掉這樣的習慣，可以一點一滴慢慢改掉。意識到自己又再說人壞話時，就頻繁改變話題。

其次就是，**說人壞話時，有很多例子都不是自己主動說，而是由他人誘導才加入去說的**。一般應該不太會突然就自己脫口而出他人的壞話吧，頂多就是有個「會說人壞話的團體」，然後在其中以說人壞話為話題才脫口而出的。另一方面，妳有沒有想到有誰不太說人壞話的呢？在這類人前因為難以啟齒說人壞話，所以最好是能和這類人待在一起喔。

在一起。」

Case 55

案例
55

自己很怕寂寞

我很怕寂寞，不喜歡一個人獨處。我交情不錯的朋友和我相反，一個人也無所謂，能找各種樂子打發時間。老實說，我很羨慕。（十七歲，女性）

也可以建立

Tomy式回答

要克服寂寞很不容易呢。在此可以使用的技巧有設定框架以及打造自己的步調。

關於設定框架是比較容易設定目標的。可以建立**「這個週末若能一個人度過，就去吃美食來獎勵自己吧」等目標，做好自我管理**。

此外，打造自己步調的技巧也很有效喔。若感覺到寂寞，就做自己想做的事，轉換心情。做著自己想做的事時，就不太會感受到寂寞囉。

我也推薦「提升自我評價計畫」。容易感到寂寞的人，很多都是對自己沒什麼自信的人呢。就算說謊也好，可以試著在心中叨唸著：「我能享受獨處！」單只是這樣，情況就會大不同。

即便無法總是立刻見到面

此外，減輕自己壓力的技巧也不錯喔。其中最好用的就是「分散化法」。只要結交許多朋友，意外的，就是一個人也能快樂度過唷。**實際上，就算不和誰在一起，只要想到「羈絆很多」，一個人也能玩得起來呢**。當然，擁有許多興趣、善用時間也很有效。

還有一種觀念是：「要克服寂寞，就要緩慢思考」。

克服寂寞很難一蹴可成喔。因此讓我們慢慢來、悠悠哉哉地去解決吧。因為啊，人家年過四十了，也依舊無法克服啦！

人就根本上來說就是孤獨的。話雖這麼說，若不能和其他人在一起，就無法順利活下去唷，所以一定要經常和其他人在一起，但在現代社會中，難以這樣活下去，所以就必須適度地做出調整，讓自己就算一個人也能活下去。

有個訣竅是，**也可以打造即便無法立刻見面也能成為心靈支柱的人際關係**。戀人、家人、好友，就算沒有名稱或稱呼也沒關係。要有一個對妳來說雖無法立刻見面卻能成為心靈支柱的存在唷。

也能成為心靈支柱的人際關係。

雖不是經常見面，
但只要友人是心靈上的支柱，
就能勉強度過獨處的時間。
還有就是不要單因為眼前的寂寞就做出行動。
因為泛泛之交的人際關係反而會助長本質性的寂寞。

Case 56

案例

56

沒有事做就會不安

我很不喜歡一個人度過空閒的時間，會排滿各種預定。最近因為受到新冠肺炎的影響，待在家的時間變多了。**既沒有要做的事，也不會湧現出熱情，只是不斷漫不經心地想些有的沒的。**（四十歲，女性）

首先可以將「環境」或「想法」調整成

Tomy式回答

這個例子也很像之前的例子呢。不一樣的點是，前一個煩惱的焦點在「寂寞」，而這個例子的焦點則在於「無法善用空閒時間」這點上。

因此可以試著以使用減輕自己壓力的「分散化法」為主。也就是說，若無法用一個興趣來消耗時間，就用許多興趣或是想做的事來填滿時間。

能不能悠閒度過空閒的時間，有很大原因取決於妳的性格或性質喔。雖說性格與性質並非不會改變，但要花時間，所以**首先可以將「環境」或「想法」調整成合於自己性格或性質的型態。也就是「在現今能做到的範圍內調度『預定』」**。

可以將在現今狀況下能做到的事，例如在家中能做到的事，或是在避免合於自己性格或性質的型態。

密閉、密集密切接觸環境中能做到的事（在開放空間散步等）當成「預定」排入行程表中。

若想著「想做的時候再做」就不會去做囉。還有，若是一個人，就很難湧現出為達成目標的熱情，所以也可以去和「別人」一同進行。

例如在社群軟體上舉行展現廚藝大會，或是向家人宣布：「今天是手做零食日」。

要開心度過沒有特別預定的時間，也可以使用讓身體疲累的方法喔。

例如只要進行健走、騎自行車、慢跑等運動，身體就會累得動彈不得喔。以此為由，就可以輕鬆度過空閒的時間了。這樣的輕鬆感就很接近妳所討厭的那種「無事晃蕩地度過空閒時間」呢。

就算不做什麼大動作，只要能享受這種輕鬆隨意的感覺，就能簡單度過沒有預定的時間囉。

Case 57

案例

57

對未來感到極度不安

我現在是學生，平常會去上學，有朋友，回家後父母也在，過得很愉快。可是我總有一天得要參加大學入學考。只要想到考試或就業等將來的考驗就很不安。因為無法消除不安，對所有事都厭煩了起來。（十七歲，男性）

Tomy式回答

這種模式是自己深受負面消極的心情影響呢。所以只要以基於「不深受自己心情影響的方法」的基本來應對就好。

在這個案例中，我感覺諮商者似乎多少有點強迫性的傾向。所謂的強迫性指的就是**一個念頭始終盤旋腦中不去，並執著在上面而感到不安唷。那樣的念頭就稱做「強迫觀念」**。其中一個特徵就是，即便實際上並非那麼現實的想法，但就是會在腦中一直想著。

知名的強迫觀念有「確認強迫」。這是指不論確認幾次屋子有無上鎖，都會不安的想著：「到底有沒有問題呢？」此外，「傷害他人的恐懼」也很有名。這是指譬如乘車時會不安地想著：「會不會去撞到了其他人呢？」雖然本人覺得很「荒謬」，卻還是被困其中。

在這案例中，考試能不能合格的確很令人不安，但是對未來的不安還只是一個想像，並非現實，只要想著「總是會有辦法的」，大致上來說就能想得開。可是你的情況是會一直想。事先想太多的部分就是一種強迫喔。

實際上，只要自己的心不亂，就不會被那些念頭牽著鼻子走。用「自己是主角術」，試著強烈去意識到為了不被不安給牽著鼻子走，自己想做的事。**比起想著「不安於不知道會不會合格」，更要擁有「我會合格！」這樣強烈的意志。**

還有其他改變想法的方法，像是：「要是合格了就見不到現在的朋友該怎麼辦」→「合格了也要空出時間來和大家見面！」或是「要是大學念得不順該怎麼辦」→「要來好好享受大學生活！」或是「求職活動進行得不順利怎麼辦」→「要去〇〇上班啦！」

但其實重要的是過程。

「提升自我評價計畫」也很重要喔。比起不安的心情，只要告訴自己「我沒問題的！」情況就會大不同喔。

此外，事先想著**「人生不是結果論，重要的是過程唷。好好享受現今的過程吧！」**也很有幫助喔。

只要好好享受現在的

人生雖以結果論，但其實重要的是過程。因為最後所有人都會死，所以最終的結果都是「死」。享受了人生的人，會認為結果是否順利就只是附加的東西而已。是能享受過程的人唷。

購物也一樣。若有什麼想要的東西，應該會去做各種研究調查吧。然後在自己預算範圍內去找出最適合的，去各商店看看。這過程本身就很有趣。

但現今的你卻沒去做那些事，而是淨想著「能不能買到合適的東西呢？」並感到不安。若是你買了某種東西，即便察覺到「還有更好的」，但過程中，你深思熟慮、開心選購這件事依舊是不變的。所以說「結果不過是附加的罷了」。

例如，**你只要好好享受你現在所處過程的「學生生活」就好。你的不安很正確唷。現在的環境只有現在有。既然如此，不就只能享受當下了嗎？**

「學生生活」就好。

可以不用去想之後的不安，
順其自然即可。
只要留心將那時候當成某個日常來享受，
就會變得很開心喔。
人生就是電影，
我們不是為了看到落幕才活著的。

Case 58

案例

58

不知道自己想做什麼

我不知道自己想做些什麼。本來大學是就讀經濟系，因為個性不合，就轉去了文學系。找工作時本是進入了大型企業，卻覺得似乎不那麼適合自己，所以去年換工作去了IT投資企業。**我也差不多快三十歲了，不知道這樣樣繼續下去好嗎？**因而感到很不安。（二十九歲，男性）

覺得這件事適合自己做，是從「總之先做吧！」這樣的

Tomy式回答

這次是被自我探尋給牽著鼻子走的人。這類人基本上本就對「這樣下去好嗎？」有很強烈的焦慮感。在此，主要使用的方法是打造自己的步調這個技巧喔。

首先是「自己是主角術」。這時候，**你以為是在尋找自己想做的事，其實最先來到的卻是「想獲得他人認可」的承認欲求**。因此不論做什麼，都是白忙一場。一定要「自己當主角」才行喔。

你想做什麼？還有不想做什麼？你會有不想做任何事的時候，但那不是什麼丟臉的事喔。要坦率意識到自己的意志唷。

同時，承認欲求強烈的時候就是自信不足的時候。利用「提升自我評價計畫」，確實讓自己擁有自信吧。別放棄，在進行得不順利時也要試著持續下去。這是最必要的喔。

還有就是要記得以下這件事——**就算不刻意去改變環境，轉機也會突然造訪。**

人家也很懂你的心情唷。不論去到哪裡，都無法融入的自己，還有想詢問「這樣好嗎？」的自己。比起厭煩了，或許你是「認真過度了」。

其實，覺得這件事適合自己做，是從「總之先做吧！」這樣的半吊子心情中誕生出來的喔。所以只要待在那種環境中，在某種程度上，可以具體看到「自己格格不入的真相」，而且只要身處其中，自己就會適應、融入了。

半吊子心情中誕生出來的喔。

恐怖遊戲、小說或電影也是一樣的喔。最初在融入世界觀、設定之前是需要體力的，而且無法沉迷其中。但在一定程度上了解了世界觀後，就會變得了解情況而著迷了。

人生若在某種程度上順其自然，
沒有什麼太大的不滿，
就待在那裡比較好喔。
在這世上會順利進行的事，
即便安坐不動，也會有轉機造訪唷。
到那時候再真正來煩惱也不遲喔。

後記

人家說的話都是出自於至今被自己或周遭人士牽著鼻子走而煩惱不已的經驗喔。最後來簡略告訴一下各位人家的人生。

【童年時期～小學生】

・出生在人口約八千人的鄉下小鎮。老家從以前就是間小型內科醫院。

・在父母總跟我說：「將來要成為醫生繼承醫院喔！」的環境下成長。

・父親告訴我要去考鄰近大都市的完全中學（有設立國中部及高中部的學校）。周圍去考國中入學考的同學是零人。

・第一天在補習班的考試中考最後一名。因為補習班許多的功課而心神不定。

【國中生】

・順利合格，從鄉村小鎮搬到學校所在的大都市中。租借公寓，和母親一起住。

・被喜歡惡作劇的團體盯上，受到欺負。

・就算和導師商量也沒有回應我，此外，因覺得丟臉而沒敢跟父母說。

【高中生】

・對交情好的朋友S君萌生愛慕。

・S君：「我有個煩惱，就是我的體毛偏少。」
人家：「咦？我不覺得呀。」
因為這場對話，我清楚察覺到自己喜歡S君。

・S君交了女朋友。我無法告白，所以把注意力放在兩人在一起很開心這件事上。

【大學生】

・清楚自覺到自己是同志。

・不論是聯誼、社團活動還是屬於大學生的青春，都無法盡情歌頌。

・去同志酒吧、電子布告欄、同志的志願者圈等活動，有了戀人。

【實習醫師時代】

・擔任實習醫師期間有一定要學習的技巧，但我是個非常不靈巧的助手，所以完全沒學到。

・指導的直屬上司也有點會職權騷擾人的感覺，讓我完全失去自信，陷入適應障礙中。

・對於自覺到是同志的人家來說，覺得或許精神科能給出什麼解答，所以決定進入精神科的醫局。

【與父親分離】

・父親很期待人家回家。兩個星期後，他突然因為蜘蛛網膜下腔出血而倒下。

・經輾轉於各醫院後，無法說一句話的父親消瘦了。

・父親去世了，人家心中像是被開了一個空虛的洞，當時的伴侶約瑟芬建議人家可以試著寫部落格。

【精神科醫師Tomy誕生】

・我著迷於將與約瑟芬的生活寫成有趣的部落格，思考著該如何讓更多人看到。

・我從小就夢想要出版自己的作品。

・醫院的工作也上了軌道，每天都很平穩。

・父親去世三年後，在一起七年的約瑟芬卻驟逝。我的世界崩壞了。

約瑟芬是讓我開始寫部落格的契機，也是出現在部落格中的一個人物角色，他的死，比起悲傷，帶給人家更多的是極大的混亂。此前，人家把和他在一起當成了首要目標。

比起感受到悲傷，人家更感受到世界的崩壞、陷入極大混亂中。人家從那時起就難以回復。

最後，我雖沒有重新站起來的把握，但經過七年後，在人家心中卻確立了好幾種不論在任何狀況下都能堅定自我方法。

◎邊散步邊沉思。

◎所有事物都會因思考方式而變輕鬆。

◎睡不著時，只要躺下、閉上眼睛，多少都會好一點。

◎要以自己的健康為最優先，不能讓步的地方就要毅然決然拒絕。

◎做些事情去填補心靈的空虛。

◎不要放棄。

◎不要過於全力以赴。

還有就是

◎一定要相信一切都會好起來。

沒有不會結束的痛苦，時間會解決一切的。為了不因任何事而受到動搖，相信這些很重要。不論在何種狀況下，即便是怎麼都看不到出口的狀況下，終結深受影響而搖擺不定的時代一定會到來。

只要知道這點，就能成為你很大的支柱。這是人家這本書送給各位最後的技巧。

Tomy

國家圖書館出版品預行編目資料

自私的人最快樂：不再迎合他人,停止受人擺佈的人際關係/Tomy作；楊鈺儀譯. -- 初版. -- 新北市：世茂出版有限公司, 2022.05
面； 公分. -- (心靈叢書；5)
譯自：人の好き嫌いなんていい加減なものよ。：他人に振り回されないためのTomy流処世術
ISBN 978-986-5408-88-6(平裝)

1.CST: 人際關係 2.CST: 生活指導 3.CST: 自我實現

177.2　　111002955

心靈叢書5

自私的人最快樂：不再迎合他人，停止受人擺佈的人際關係

作　　者／Tomy
譯　　者／楊鈺儀
總　　編／簡玉芬
責任編輯／陳怡君
封面設計／林芷伊
出 版 者／世茂出版有限公司
地　　址／(231)新北市新店區民生路19號5樓
電　　話／(02)2218-3277
傳　　真／(02)2218-3239（訂書專線）單次郵購總金額未滿500元（含），請加80元掛號費
劃撥帳號／19911841
戶　　名／世茂出版有限公司
世茂網站／www.coolbooks.com.tw
排版製版／辰皓國際出版製作有限公司
印　　刷／傳興彩色印刷有限公司
初版一刷／2022年5月

ＩＳＢＮ／978-986-5408-88-6
定　　價／360元

HITO NO SUKI KIRAI NANTE IIKAGEN NA MONOYO.
TANIN NI FURIMAWASARENAI TAME NO TomyRYU SHOSEIJUTSU